AF332068

SURVIVRE AU PIRE

Patricia Oddo

SURVIVRE AU PIRE

Max Milo

Remerciement

À ma famille

Merci à vous,
Rico et Pascale,
Thierry et Claire,
Sylvie et Fred,
Papa et Maman,
Caroline, Vincente, Aubrée, Marielle et Pascaline, mes nièces,
Bastien, Simon, Julien, Romain, Valentin et Victor, mes neveux,
et, bien évidemment, Thibault et Angélique, mes enfants chéris.

J'avais besoin de vous et vous étiez là. Ensemble, nous avons résisté au traumatisme, chacun à notre manière... et nous avons réussi. En fait, nous nous protégions mutuellement.

Merci aussi à Thierry Hernando, qui m'a aidée à affronter l'aventure de l'écriture.

Dans ce livre, je raconte ce que j'ai vécu, avec mon regard et ma sensibilité. J'espère que mes propos ne choqueront pas mes proches. En aucun cas, je n'ai voulu juger ou blesser quiconque. Que les miens restent libres de lire ce récit ; et que les lecteurs que je ne connais pas y soient les bienvenus.

AVANT-PROPOS

La société est régie par des codes et des procédures, mais aucune méthode, aucun enseignement, aucun livre, peut-être, n'explique comment se comporter face à l'horreur que j'ai vécue. Dans le dictionnaire, il n'y a pas un mot suffisamment juste pour évoquer le néant dans lequel ma famille et moi nous nous sommes retrouvées.

Afin de combler cette lacune, j'ai décidé d'écrire mon histoire pour chercher une réponse à la question suivante : comment peut-on survivre à la mort de ses enfants ? Mon témoignage, aidera, je l'espère, à comprendre la douleur des victimes et peut-être, un jour, le cas échéant, à la surmonter...

PROLOGUE

Les secours étaient là.

Impuissante, tétanisée, je regardais avec une terrible appréhension les pompiers gravir et dévaler quatre à quatre les escaliers de la maison. Voyant mon désarroi, ils m'ont rapidement prise en charge. Pendant ce temps, le médecin s'occupait des petits. Puis il est monté dans le camion et s'est approché de moi, me donnant la réponse que je connaissais déjà...

*

Ce 5 septembre 1990, c'étaient encore les vacances d'été. Lucie et Sylvain étaient chez leur père depuis une dizaine de jours et je devais aller les retrouver à 18 heures.

Ce soir-là, j'ai frappé et sonné à sa porte. Personne ne semblait être présent dans la maison alors que les volets étaient ouverts. J'ai commencé à m'inquiéter. J'ai pensé qu'ils étaient partis faire quelques courses. J'ai alors décidé d'aller à leur rencontre dans Saint-Valéry-en-Caux. J'ai couru. J'ai erré. J'ai traversé une route sans vérifier si une voiture arrivait. Plus d'une fois, j'ai failli me faire renverser.

Partout, mon regard cherchait Lucie et Sylvain. Au coin de chaque rue. À l'intérieur de chaque magasin. Au hasard des carrefours. En vain. J'avais de plus en plus peur, je me sentais de plus en plus mal. Paniquée, je me suis rendue chez Dominique, la nounou : peut-être Sylvain et Lucie s'étaient-ils attardés chez elle ?

— As-tu des nouvelles des enfants ? ai-je demandé, bille en tête. Nous devions nous retrouver chez Jacky… Ils n'y sont pas !

— Non, je ne les ai pas vus aujourd'hui.

— Quand les as-tu vus pour la dernière fois ?

— Hier, au jardin communal. Ils se promenaient. Ton mari avait l'air d'aller bien. Nous avons échangé quelques mots.

J'étais un peu rassurée, mais plus « un peu » que « rassurée ».

J'ai quitté précipitamment Dominique et je suis partie chez une autre amie, Muriel, dont l'ex-mari recevait Jacky de temps à autre. Sa fille et Lucie étaient dans la même classe. Même échec.

La nuit avançait, l'angoisse s'intensifiait, elle prenait corps et devenait palpable. La peur en moi est montée d'un cran, comme à chaque fois que je confiais Lucie et Sylvain à Jacky et qu'il m'appelait, la nuit pour me dire, d'une voix terrifiante, que je ne reverrais plus mes enfants. Et si le pire était arrivé ? Comment accepter une telle hypothèse ? Jamais je ne pourrais vivre sans eux ! Mes enfants étaient ma seule raison de vivre. Je ne pouvais pas envisager une vie sans les sentir, les serrer dans mes bras, les embrasser, les entendre rire et se chamailler.

Où étaient-ils ? Que leur était-il arrivé ? Même si je ne devais plus les revoir, je voulais les savoir en vie. « Mon Dieu, écoutez-moi, faites qu'ils soient vivants ! », ai-je prié dans le secret de mon cœur.

Cette nuit du 5 au 6 septembre 1990, la plus longue et la plus angoissante de ma vie, s'est écoulée lentement, gravement, hors du temps. Mon amie Dominique est restée avec moi pendant que je faisais les cent pas. J'ai téléphoné aux hôpitaux de la région et à toute personne susceptible d'avoir vu ou entendu mes enfants. J'ai attendu, espéré, prié. En vain.

Au matin du 6 septembre, sans nouvelles, j'ai appelé la salle de commande de la centrale EDF de Paluel. Jacky et moi y travaillions tous les deux, dans des services différents. Jacky était prévu de quart ce matin-là, mais il n'avait pas embauché et n'avait pas prévenu de son absence. Prise de panique, j'ai décidé de joindre le service du personnel de la centrale, et j'ai expliqué :

— Je suis séparée de mon mari, Jacky Leroy, et je devais aller chercher nos enfants hier soir... Il habite la résidence de l'Ormoie à Saint-Valéry-en-Caux... Il aurait dû travailler ce matin, mais il n'y est pas !

— Il est peut être retardé quelque part pour des raisons personnelles et n'a pas pris le temps de prévenir ? a suggéré mon interlocutrice.

— Non, je ne crois pas ! En revanche, ces derniers temps, il me menaçait en disant que je ne reverrais plus les enfants. Je suis vraiment très inquiète... Je ne sais pas quoi faire...

— Retrouvons-nous chez lui dans une demi-heure, voulez-vous ? J'arrive.

Vers 10 h, des responsables de la centrale m'ont rejointe, accompagnés d'un serrurier. Ils ont ouvert la porte, et je me suis précipitée vers le garage : la Renault 25 de Jacky y était. Je me suis sentie défaillir.

À ce moment, sans vouloir le croire, j'ai pressenti que tout ce que j'avais redouté et ressassé cette nuit, tout ce que j'avais imaginé dans mes plus sinistres pensées, tout, c'est-à-dire le pire, était devenu réalité. Un responsable EDF a gravi les marches de l'escalier qu'il a redescendues aussitôt. Je n'ai pas bougé. Je n'ai pas cherché à monter à l'étage. Je n'ai pas demandé à voir les enfants. Je me protégeais de cet événement tragique que je refusais d'admettre, le laissant à l'extérieur de moi, pour qu'il ne m'atteigne pas.

Pas encore.

Pas déjà.

Mes employeurs ont appelé les pompiers et le médecin, et m'ont fait sortir de la maison. J'étais terrassée, terrifiée, incapable de verser une larme ou de verbaliser ce que je ressentais. J'avais terriblement mal. Je me sentais perdue et je hurlais :

— Comment vont-ils ?

J'espérais encore qu'un miracle allait se produire, qu'on allait me dire que je m'étais trompée, que tout allait bien, que mes enfants étaient sains et saufs... Pour seule réponse, quelqu'un m'a enveloppée de ses bras et m'a serrée intensément.

Hector, le mari de mon amie Maggy, est passé devant la maison et je l'ai regardé dans les yeux. Je lui ai parlé et lui aussi m'a serrée très fort dans ses bras. Que lui ai-je dit ? Je ne sais plus. Je me souviens encore de cette embrassade. J'ai compris que tout allait basculer et que ma vie ne serait plus jamais la même.

C'est alors que les pompiers sont arrivés. Très vite, trop tôt, le médecin m'a rejointe dans le camion. Il s'est approché de moi et m'a pris les mains :

— Madame, il n'y a plus rien à faire : vos enfants sont morts.

J'étais déchirée mais pas vraiment étonnée. J'ai fixé le médecin avec l'espoir que, malgré l'évidence, le miracle arriverait. Peut-être s'était-il trompé ? Peut-être avais-je mal compris ses paroles ?

Non.

J'ai senti son regard plein de compassion, et il m'a dit :

— Madame, je vais vous administrer un calmant. Cela va vous aider à vous détendre un peu, puis les pompiers vont vous accompagner à l'hôpital de Dieppe.

J'ai senti la piqûre, et les voix se sont éloignées à mesure que je perdais conscience.

Première partie : Avant

1. La magie de l'enfance

Comment moi, Patricia, la petite-fille de pieds-noirs italiens courageux et travailleurs, bien élevée et destinée comme eux à une vie paisible, ai-je pu connaître un destin aussi douloureux ?

Mes grands-parents sont arrivés en Tunisie à la fin du XIXe siècle, dans ce protectorat français où il y avait de la terre et du travail – bref, de quoi espérer une vie meilleure. Les Italiens vivaient tous dans le même quartier. Mon père et ma mère sont nés en Tunisie. Ils se sont rencontrés par l'intermédiaire de leurs familles respectives et se sont mariés à Tunis. Ma grand-mère maternelle est décédée le jour prévu pour le mariage de Papa et Maman, et la cérémonie a été reportée à la semaine suivante. Ç'a été un choc terrible pour ma mère, d'autant que son mariage a été célébré dans l'église même où la cérémonie funéraire de sa mère avait eu lieu. Maman parlait tristement de cette journée qui aurait dû être le plus beau jour de sa vie. Ce drame a bouleversé son existence.

Quand elle racontait la vie à Tunis, maman disait :

— En Tunisie, la vie était dure. Nous n'étions pas riches. La Sécurité sociale, ça n'existait pas. Ma mère était très malade, j'ai dû aller travailler pour acheter les médicaments et aider la famille. Je voulais être sage-femme, mais j'ai dû arrêter mes études pour aller faire des ménages.

Sa voix tremblait quand elle abordait le sujet. Elle pleurait souvent.

Mes parents sont arrivés en France fin 1958, suite à l'indépendance de la Tunisie. Ils se sont installés à La Rochelle, où vivait l'un des frères de mon père. Ils ont vécu à Angoulins-sur-Mer. Mon père aimait rappeler son passé de footballeur amateur, en soulignant que le club qui l'avait recruté les logeait. Aujourd'hui, je sais combien de courage et de persévérance il leur a fallu pour tout quitter et partir loin de l'endroit où ils étaient nés.

Maman était – elle est morte en 2006 – une personne discrète, réservée, qui ne donnait sa confiance qu'à ceux qui la méritaient. C'était une belle femme, avec de jolies formes. Aucun de nous n'a hérité de la couleur de ses yeux bleus qui illuminaient son visage. Maman n'était pas très bavarde. Sa voix savait être douce mais ferme quand il le fallait.

Papa, âgé de 84 ans au moment où j'écris ces lignes, est un homme assez grand, mince, le visage mat, les yeux noirs. Il est courageux, fiable et fidèle. C'est une personne qui aime donner le change. Il aime paraître. Ce n'est pas un jugement : il est ainsi, avec ses grandes qualités et ses petits défauts. Mes parents formaient un couple de prime abord un peu dépareillé mais, en réalité, ils se complétaient très bien.

Quant à moi, je suis née en 1959 à La Rochelle et mon frère Éric, dit Rico, dans la même ville un an plus tard. J'ai effectué mes premiers pas le jour de sa naissance. Je l'ai même mordu, la première fois que je me suis approchée de lui. Nous rions encore de ces anecdotes.

Début 1962, nous sommes partis pour Chartres où vivaient quatre sœurs de mon père. Là-bas, il y avait du travail, nous ont-elles dit : d'où un autre déménagement - un de plus -, et un nouveau déracinement pour mes parents.

Mon second frère, Thierry, est né en décembre 1962. C'était un enfant calme mais souvent malade. Il réclamait beaucoup d'attention et de soins. La quatrième et dernière de la fratrie, Sylvie, est née en 1965. J'avais six ans. Quand Maman est revenue de la maternité, je me souviens que l'on m'a présenté ma petite sœur. En entrant dans la chambre, j'étais surprise de voir ce bébé qui s'agitait et pleurait aussi fort. Je m'attendais sans doute à voir un poupon comme celui que j'avais en jouet. Effrayée, j'ai lancé à ma mère :

— Si c'est ça, ma petite sœur, je m'en vais !

*

Après le petit incident de la maternité, j'ai vite changé d'opinion. Je me sentais investie d'une grande mission quand on me confiait ma sœur. Je me souviens encore quand je lui donnais le biberon, les jambes allongées et Sylvie calée au creux de mon bras.

Je me rappelle une autre anecdote. Rico et moi étions scolarisés dans la même école et nous nous y rendions ensemble. Un matin, le col de sa blouse était de travers et je lui ai dit :

— Comme tu es mal habillé !

Je me suis approchée de lui et ai replacé son col. J'étais une vraie petite maman pour lui !

Rico était un enfant téméraire à qui rien ne faisait peur. Déjà petit, il bravait les interdits, ce qui lui valait d'être souvent puni. C'était le cas à l'école mais également à la maison.

1. La magie de l'enfance

À l'époque, nous habitions en appartement à Beaulieu, un quartier populaire de Chartres où mes parents avaient réussi à s'intégrer. Dans le foyer, mon père était le seul à travailler et, pour se rendre à l'usine éloignée de quelques kilomètres, il se déplaçait à Mobylette. C'est seulement en 1966 que mes parents ont acheté leur première voiture. Quel événement! Cette même année, ils ont fait l'acquisition d'un lave-linge. Cet achat a transformé la vie de ma mère, la rendant plus confortable : jusque-là, elle lavait et essorait ses draps à la main.

La même année, nous sommes partis en vacances pour la première fois. Nous partions à Argelès-sur-Mer avec des voisins de l'immeuble devenus des amis. Les photos de l'époque témoignent d'une belle aventure : nous étions en *camping*, nous profitions de la mer chaque jour. Libres de vaguer à l'extérieur toute la journée, nous avions de belles couleurs.

Les années suivantes, nous sommes allés en Espagne, en Italie et à l'île de Ré. C'était le temps du *camping* sauvage, des feux de camp et des réveils les pieds dans l'eau. Quelle belle période de ma vie!

*

J'avais dix ans quand ma mère a décidé de trouver un emploi. Elle a commencé à faire des ménages dans une usine de Chartres et, très vite, elle a été embauchée dans la partie production. Dans les années 1970, la semaine légale de travail était beaucoup plus longue qu'aujourd'hui. En outre, nos parents acceptaient des heures supplémentaires le samedi. Cependant, mon père n'appréciait pas que ma mère travaille, et les dîners étaient tendus quand elle parlait de sa journée.

Je me suis retrouvée très vite seule avec mes frères et ma sœur durant quelques heures, même quelquefois le jeudi entier. Nous étions scolarisés dans deux écoles très proches l'une de l'autre. Je déposais donc ma sœur à la maternelle avant de me rendre en cours. Trop tôt, on m'a confié le rôle de seconde maman, place que j'ai prise à cœur, sans avoir le choix et sans en comprendre les risques, probablement par besoin de me sentir importante, aimée.

À l'époque, j'étais une enfant sage, studieuse, silencieuse, qui ne posait pas de problèmes. J'excellais à l'école. Je brillais en lecture, histoire et géographie. J'étais moins passionnée par les sciences et les maths. Si, durant un cours, nous parlions d'un pays lointain, le soir, je prenais mon globe terrestre et tentais de le situer. Je rêvais de voyages et d'aventures exotiques. L'inconnu me faisait vibrer. La lecture remplissait ma vie et alimentait mes rêves. Oui, je lisais, je dévorais des livres entiers pendant le *week-end*. Dès l'ouverture du Carrefour de Chartres, mes parents sont allés y faire leurs courses. Je me souviens que, souvent, ils m'achetaient un livre. C'était un vrai bonheur. Aujourd'hui encore, quelqu'un qui veut me faire plaisir n'a qu'à m'offrir un bouquin pour me prouver qu'il s'intéresse à moi. Les livres me racontent des histoires et me parlent de la vie. Ils sont pour moi le puits des sciences. J'aime les regarder, les toucher, les sentir.

Mon père, qui partait travailler à l'étranger, rapportait de petits souvenirs à chacun. J'avais toujours droit à ma poupée locale en costume traditionnel et j'en avais à l'époque une belle collection. Comme j'étais heureuse de regarder ces personnages d'horizons différents du mien !

Côté cœur, j'ai connu mon premier émoi amoureux à 7 ans. Il s'appelait Alain et avait une vingtaine d'années. Mes parents étaient voisins de palier avec les siens. Il était militaire, et quand il rentrait en permission, il m'accordait toujours beaucoup de temps. Je le trouvais beau, dans sa tenue! Hélas pour moi, il fréquentait une belle jeune femme d'origine espagnole. Le mariage approchait. Nous avons été invités à la cérémonie et à la soirée. En apprenant la terrrrrible nouvelle, je me suis sentie trahie et abandonnée.

J'ai refusé d'assister au mariage. Quand on m'a demandé pourquoi, je suis restée silencieuse. Je me souviens que ma mère a dû prendre la décision de nous faire garder tous les quatre par l'une de mes cousines, ce jour-là!

Jusqu'à mes dix ans, j'ai cru au Père Noël. J'étais naïve; et cela devait m'arranger. Papa et maman, comme tant de parents, nous disaient:

— Soyez sages, sinon le Père Noël ne passera pas.

Et puis un jour, Rico m'a dit:

— Le Père Noël n'existe pas. C'est les parents qui achètent les cadeaux.

— Tu dis vraiment n'importe quoi! lui ai-je répondu.

— Ben non. Tu veux que je te le prouve?

— Comment?

— Tu veux savoir où sont cachés les jouets de Noël?

Sans attendre ma réponse, Rico m'a conduite dans la chambre parentale et là, j'ai compris qu'il avait raison: le Père Noël n'existait pas. J'étais triste et déçue. La magie de l'enfance venait de s'envoler.

2. Les soirées de solitude

Régulièrement, nous rendions visite à nos grands-parents paternels usés par le temps. Ils vivaient modestement. Je me souviens qu'ils élevaient des poules. Mon grand-père parlait très peu le français : il s'exprimait en italien. Il nous a appris quelques mots et à compter dans sa langue maternelle. Il chantait des opéras et nous avions intérêt à l'écouter. Sinon, gare !

Lentement, la situation financière de mes parents s'est améliorée, si bien que ma mère a incité mon père à se lancer dans la construction d'une maison. Elle était plus entreprenante et courageuse que lui. De plus, maintenant qu'elle travaillait, elle pensait qu'ils pouvaient réaliser ce projet immobilier.

L'idée s'est précisée quand Papa et Maman ont décidé d'acheter un terrain situé à Morancez. Deux familles du quartier se sont lancées dans la même aventure, et nous nous sommes retrouvés voisins.

Nous avons emménagé en 1972. Nous vivions désormais à la campagne, entourés de champs à perte de vue. C'était le début d'une autre vie. J'étais scolarisée à Chartres comme tous les ados du village. Pour la plupart, mes camarades étaient issus de familles de cultivateurs.

Les journées étaient longues, mais j'aimais aller au collège. Nous partions le matin avec le bus et rentrions le soir. Le temps du trajet m'a permis de mieux faire connaissance avec les jeunes du village. Ma mère me sollicitait pour les tâches ménagères, que j'exécutais sans rechigner. Je ne me souviens pas d'avoir tenu tête à mes parents. Je n'ai jamais désobéi.

Ma tendance à la soumission m'a-t-elle poussé à faire de mauvais choix plus tard ? Peut-être. Et pourquoi n'ai-je pas bravé l'interdit, sur le moment ? Par peur de l'autorité paternelle ? Oui, je pense que je craignais mon père. Plus largement, avais-je peur de la violence masculine ? Sûrement. À cause de mon père, ai-je imaginé que les hommes étaient nécessairement autoritaires ? En tout cas, je sais que je craignais de décevoir Papa, cet homme adorable en société, qui devenait en privé colérique, cinglant et intransigeant.

Cette peur ne m'a pas quittée.

Quoi que nous fassions, ce n'était jamais bien, ni digne d'éloges. Mon père n'acceptait pas nos choix. Il ne savait pas écouter, se confier ou extérioriser ses émotions. Il criait souvent pour s'exprimer, et je sais que, à cause de cela, aujourd'hui, je n'aime pas les disputes. J'aurais simplement eu envie qu'il me dise « je t'aime » ou « je suis fier de toi », ce qu'il n'a jamais su faire. En revanche, matériellement, je pouvais compter sur lui, quoi qu'il arrive.

*

Nous étions heureux d'emménager dans cette nouvelle maison, à Morancez, malgré l'ameublement rudimentaire et les papiers peints très *kitch*. Sur les murs de ma chambre était collée une tapisserie avec de grandes fleurs orange. Celle de la salle à manger était couverte de médaillons vert et or. Les murs de la chambre de nos parents avaient des tons plus pastel. Dans l'angle du salon, il y avait une cheminée en pierre qui, quand elle était allumée, chauffait bien toute la pièce. Nous nous retrouvions souvent dans ce salon pour regarder ensemble la télévision.

Maman cuisinait beaucoup, et nous appréciions tout particulièrement ses pâtes à la sauce tomate. Certains jours, de bonnes odeurs d'épices parfumaient la maison, éveillant nos papilles et nous ouvrant l'appétit.

Je partageais ma chambre avec Sylvie, tandis que mes frères dormaient dans la pièce voisine. Quelque temps après notre installation, les combles ont été aménagés : c'était ce qui deviendrait la chambre de Rico et de Thierry.

Le dimanche matin, mes frères, ma sœur et moi-même avions pour habitude d'apporter le café au lit à papa et maman. Nous nous bagarrions pour occuper l'espace le plus proche de nos parents dans ce rare moment de complicité familiale. Je lançais :

— Je n'ai pas de place, Papa tu peux te décaler un peu ?

Il se poussait légèrement à gauche :

— C'est mieux comme ça, Patricia ?

— Oui, nous sommes tous calés, c'est bon !

Ces matins avaient un goût particulier : nous étions enfin ensemble ! Papa et maman buvaient leur café, et la journée démarrait. J'en garde un doux souvenir, un moment d'unité familiale qui me rassurait. C'était une oasis de douceur au cœur d'un froid désert de rigueur : chez nous, ça ne rigolait pas souvent.

— Vous avez compris, je ne veux personne à la maison quand nous sommes absents ! grondait souvent maman.

— Mais pourquoi ? On ne fait pas de bêtises !

Nos parents n'aimaient pas que nous amenions des amis chez nous, ce qui me frustrait terriblement. Je regardais mes copains et copines autour de moi, et je trouvais qu'ils avaient de la chance.

Les repas étaient silencieux. Nous n'avions pas le droit de parler. Je me souviens qu'un soir, à table, un fou rire nous a tous pris. Même Maman riait avec nous. Nous ne pouvions pas nous arrêter et Papa a dû intervenir :

— Arrêtez de rire ! Calmez-vous et mangez !

Sauf que nous ne pouvions vraiment pas nous en empêcher...

— Si ça continue, vous allez quitter la table et allez être privés de dessert !

Nous n'avons pas terminé notre repas et nous sommes allés dans nos chambres respectives. Papa a tenu sa promesse, comme toujours : nous n'avons pas mangé notre dessert.

*

Le *week-end*, je passais une bonne partie de mes journées dans ma chambre, à étudier, à lire et à broder. Puis j'ai intégré l'équipe féminine de basket de Morancez, avec laquelle je partais souvent le dimanche matin disputer un match. J'étais déjà une battante, une jeune fille qui ne lâchait rien. Cela me permettait de faire de nouvelles rencontres et de sortir de chez moi. Partir jouer au basket, ça passait encore, mais mes parents acceptaient difficilement que je sorte avec des amis.

Quand une soirée était prévue, je demandais à Maman :

— Est-ce que je peux aller chez Isabelle ? Elle m'a invitée.

— Demande à papa.

J'allais voir mon père, la peur au ventre, en appréhendant sa réponse :

— Papa, je suis invitée chez ma copine Isabelle. Est-ce que je peux y aller ?

— Demande à ta mère !

Je me sentais triste et incomprise. Malgré tout, j'insistais auprès de l'un et de l'autre pour obtenir leur accord... et, en général, je passais de mauvaises soirées, seule dans ma chambre.

Les discothèques ? Il ne fallait même pas l'envisager. J'y suis allée si rarement, que l'on doit pouvoir compter les soirées où je suis sortie avec mes copines sur les doigts des deux mains.

Non, je n'ai pas vécu une adolescence épanouissante : il y avait trop d'interdits, sans parler des peurs que l'on m'a transmises. Celle des garçons, par exemple. J'ai eu mes règles à 12 ans, alors que personne ne m'avait jamais expliqué ce qu'était la menstruation. Ce jour-là, maman m'a prise à part et m'a dit :

— Il faut te méfier des garçons, tu peux tomber enceinte, maintenant !

Être enceinte : je ne savais même pas comment cela risquait d'arriver, mais je peux vous dire que ces propos m'ont traumatisée. J'ai alors cherché des réponses auprès de mes amies. Quand Sylvie a été réglée, ma mère m'a demandé :

— Peux-tu expliquer à ta sœur ce qui lui arrive ?

Sans hésitation, j'ai accepté. Je ne souhaitais pas que ma sœur apprenne cet événement normal de la vie d'une femme de la même manière que moi.

Cependant, je n'en voulais pas à maman. Aujourd'hui, je comprends qu'elle ne savait pas s'y prendre avec nous, et que cette maladresse était sans doute due à un défaut dans l'éducation qu'elle avait elle-même reçue. Enfant puis adolescente, je me suis juré d'élever mes futurs enfants dans la rigueur mais avec beaucoup d'écoute, d'échange et d'amour.

*

Longtemps, je me suis habillée comme les garçons dont je partageais les jeux. Je m'étais mis en tête que la vie était plus favorable aux hommes qu'aux femmes. Sans doute parce que maman travaillait en horaires décalés : elle commençait à 5 heures et terminait à 13. Elle ne se reposait pas ou si peu, et s'acharnait à tenir en ordre sa maison. Elle s'accordait peu de temps libre, tant elle était dans l'oubli d'elle-même. Vivre pour soi, ce n'était pas dans la culture de l'époque. Imprégnée de cet exemple très négatif de la condition de femme, ce n'est que bien plus tard que j'ai pris conscience de ma féminité.

Le parcours de mon père me semblait très différent : il est devenu contremaître dans l'usine dans laquelle il était employé. Il était heureux de sa réussite et d'éprouver le sentiment d'être indispensable.

— Même la nuit, claironnait-il, quand il y a un problème, on fait appel à moi !

Sa nouvelle fonction lui allait comme un gant, avec son fort caractère. Mon père ne manquait pas une occasion de souffler dans les bronches des employés qu'il avait sous ses ordres. Je peux comprendre sa fierté : parti de rien, il a su se faire une place dans la société qui l'employait. Cela dit, il aurait pu accepter l'idée que Maman réussisse, elle aussi. Elle aurait aimé un peu plus d'attentions, partir en voyage, recevoir des cadeaux, des surprises...

En 1975, je suis entrée au lycée Jehan de Beauce, à Chartres, pour préparer un BEP de comptabilité. L'année d'après, Rico a été scolarisé dans le même établissement pour préparer un BEP d'électromécanicien ; et ma vie a basculé une première fois.

3. Le miracle de la Suzuki 1000

— Dis-moi, Rico, avec qui tu discutais dans la cour de récréation ?

— Un copain qui est en cours avec moi. Il s'appelle Jacky.

J'ai croisé ce jeune homme qui discutait avec mon frère dans la cour du lycée. Il n'était pas très grand mais, avec ses cheveux blonds et ses yeux verts, Jacky était plutôt beau mec. D'autant qu'il était mince et même très sportif : gymnaste, il n'hésitait pas à se vanter des résultats qu'il avait obtenus. Rico étant devenu son ami, j'ai eu l'occasion de revoir hors du lycée ce garçon qui m'attirait énormément. Son physique, sa façon d'être, son côté rebelle, la liberté dont il jouissait et qui contrastait avec l'éducation que nous avions reçue… Très vite, j'ai eu en tête de mieux le connaître et, comme on disait à l'époque, de le fréquenter. Quelle déception de constater que je ne l'intéressais pas le moins du monde !

D'autant que Jacky avait une moto, une 125, tandis que la plupart d'entre nous possédions au mieux un vélo ou un cyclomoteur. Il faut dire que l'ami de mon frère était le petit dernier de la famille. Il avait été élevé comme un enfant unique, sa sœur et ses frères ayant au moins dix ans de plus que lui. Ses parents étaient âgés et le gâtaient énormément.

Je me souviens de son allure de motard, avec ses cheveux longs, ses bottes et son blouson un peu grand. De temps à autre, il me proposait de monter à moto avec lui, et j'étais alors la plus heureuse des jeunes filles. Je rêvais de sortir avec lui !

Jacky n'avait pas la langue dans sa poche, et j'étais surprise de la façon dont il parlait à sa mère. Quel contraste avec l'éducation que j'avais reçue ! Son côté rebelle m'épatait, moi qui n'osais jamais braver l'interdit... Il représentait tout ce que mon père n'aimait pas, et ça me plaisait.

Jacky habitait Chartres, du côté de la basse ville, ainsi que l'on appelle le centre. De temps en temps, quand Jacky nous proposait de venir chez lui pour le goûter, je croisais ses parents. Nous nous rendions parfois dans une cafétéria pour jouer au *flipper* et boire un verre. À l'époque, ces moments me semblaient plus que privilégiés ; disons même qu'ils étaient exceptionnels pour moi qui n'avais guère été habituée à sortir !

Jacky n'était pas très studieux, comme Rico d'ailleurs : il est arrivé que mon frère me demande, la veille pour le lendemain, de rédiger son devoir de français. Une fois, le sujet était « la torture ». J'étais idéaliste et j'avais de grandes théories sur la question. J'ai écrit la rédaction de Rico et, le lendemain à dix heures, Jacky a copié le devoir, en modifiant quelques mots, mais sans changer la tournure des phrases. Le professeur s'est tout de suite rendu compte de la supercherie et a mis un zéro pointé à l'un et à l'autre !

Le temps passait, mais Jacky ne s'intéressait pas à moi. Je suis donc passée à autre chose... J'ai rencontré d'autres garçons, sans grand succès. J'avais du mal à croire en l'amour. Je n'y croyais pas du tout, même. J'avais peur. Je ne savais pas encore de quoi, mais j'avais peur. Sans doute n'avais-je pas confiance en moi, en la vie, en l'autre.

En 1978, j'ai quitté le lycée et j'ai trouvé un emploi en tant que comptable. Je travaillais dans trois sites différents avec les PEP 28, une association qui gérait des colonies de vacances et un CMPP (Centre médico-psychopédagogique). J'ai aimé y travailler, car mes collègues étaient agréables et l'ambiance sympathique.

Je vivais toujours chez mes parents et pour m'émanciper, j'ai passé mon permis. C'était ma priorité car, pour moi, conduire était synonyme de liberté et de voyage. Très tôt, j'ai souhaité devenir indépendante sans oser franchir le pas. Je savais que mon père ne souhaitait pas que je quitte la maison : dans son esprit, une fille partait du cocon familial pour se marier. Comme ce projet n'était pas à l'ordre du jour, je restais tanquée chez mes parents...

*

Un samedi de septembre 1979, j'ai aperçu une grosse moto Suzuki 1000 qui se stationnait devant la maison.

Juste après, quelqu'un a toqué à notre porte. Qui était-ce ? Curieuse, je suis allée ouvrir... *et* Jacky est réapparu dans ma vie de façon inattendue, l'année de mes 20 ans. Il venait de terminer son service militaire, qu'il avait effectué chez les pompiers de Paris. Sur le coup, mon cœur s'est accéléré et je me suis rappelée tous les moments que nous avions passés ensemble avec Rico. Je me suis souvenue de l'attirance que j'éprouvais alors à son égard... et je suis restée plantée face à lui, désabusée, avec l'idée que je ne l'intéressais pas.

— Bonjour, je viens voir Rico...

Jacky est entré dans la cuisine, a salué mes parents et, à leur invitation, s'est assis avec nous à table. Papa et maman l'ont interrogé, sans indiscrétion :

— Que faites-vous dans la vie, jeune homme ?

— Je travaille chez EDF, à la centrale de Gennevilliers, dans les Hauts-de-Seine.

— Bravo, c'est une bonne situation !

Pendant ce temps, je vaquais à mes occupations, sans trop me soucier de notre visiteur inattendu. Au moment de son départ, Rico n'étant pas de retour, j'ai invité Jacky à nos anniversaires respectifs, que nous devions fêter la semaine suivante. Il a accepté de venir :

— Volontiers, ça me fait plaisir, m'a-t-il répondu sur un ton désinvolte.

Après son départ, Sylvie s'est empressée de commenter l'événement :

— T'as vu ça ? Il n'a pas arrêté de te regarder !

— Ah bon ? Je n'ai même pas fait attention.

J'étais flattée de la remarque que ma sœur venait de faire, et j'ai très bien dormi ce soir-là. Puis Jacky est sorti de mes préoccupations... pour mieux y revenir dès le samedi suivant.

*

C'est à cette soirée d'anniversaire que nous nous sommes revus. De nombreux amis étaient là, ainsi que des cousins et des cousines. Tout ce beau monde était réuni dans le salon de notre maison, transformé pour l'occasion en salle des fêtes. J'ai aidé ma mère à préparer le repas, servir et desservir les plats. Nous aimions recevoir et quand nous avions des invités, nous avions pour habitude de cuisiner nous-mêmes. Très occupée, j'ai passé peu de temps à table. Je n'avais pas choisi ma place, mais je me suis retrouvée assise non loin de Jacky, qui m'a lancé :

— Ah, Patricia, tiens ! Je suis content de te voir.

Et là, tac, il m'a offert un joli bouquet de roses, mes fleurs préférées. J'étais trrrrès heureuse de le revoir... jusqu'à ce que je m'en rende compte, quelques minutes plus tard, que je n'avais rien de spécial à lui dire, et réciproquement ! Nous n'avons donc guère échangé que quelques banalités un peu gênées. Néanmoins, avec le recul, j'ai la faiblesse de penser que Jacky était plus venu pour moi que pour mon frère. Sur le moment, je n'y vois que du feu : j'avais d'autres choses à penser et à faire, d'autres amis à voir.

Rico et moi avions réuni de nombreux invités dont je me souciais davantage. J'étais heureuse de fêter mes 20 ans. La soirée était sympa et très festive. Nos amis semblaient ravis d'être là, entre amuse-bouches et verres réjouissants. Pendant le repas, l'ambiance n'a cessé de monter. Du coup, même si Jacky, mon premier coup de cœur d'adolescente, ne m'était pas indifférent, je ne m'intéressais pas spécialement à lui.

Le repas terminé, le séjour s'est alors transformé en piste de danse : musique *disco*, puis *slows*. Jacky m'a invitée à danser. À la fin d'un *slow*, il m'a embrassée. Ce moment que j'avais tellement souhaité quand j'avais 15 ans, voilà qu'il se présentait enfin.

Une fraction de seconde, j'ai été partagée. D'un côté, de l'eau avait coulé depuis mon coup de foudre. De l'autre... bah, de l'autre, je fondais littéralement. Enfin, celui que j'avais tant désiré

3. Le miracle de la Suzuki 1000

s'intéressait à moi, me montrait que je comptais, était venu pour moi, m'avait embrassée! Mon petit cœur battait la chamade. J'étais submergée d'émotion.

C'est ainsi que notre relation a démarré.

4. La question fatidique

Après ce premier *flirt*, Jacky et moi avons continué à nous voir.

En raison de son activité professionnelle, Jacky vivait une partie de la semaine en région parisienne. Il revenait à Chartres quand il était de repos. Quand il était absent, je lui écrivais de longues lettres passionnées où je lui racontais combien il me manquait et ce que nous pourrions faire, le *week-end* venu ! Mon amoureux ne m'envoyait jamais de réponse : ce n'était pas un grand romantique, vraiment pas... Il exprimait peu ses sentiments et ses émotions. Son côté féminin, pour ainsi dire, n'était pas du tout développé.

Persuadée qu'il apprendrait à manifester son affection, j'étais néanmoins flattée de l'intérêt qu'il me portait quand nous étions l'un près de l'autre. J'avoue que cela me suffisait. Je pensais : « C'est peut-être ça, aimer... » Son caractère réservé ne m'empêchait pas d'être follement attachée à lui. J'étais fleur bleue comme ce n'est pas permis – d'ailleurs, je crois que je *suis* toujours fleur bleue !

Parfois, malgré moi, je me posais des questions sur ce que c'est, aimer. Côté repères, j'avais mes parents qui formaient un couple peu démonstratif. Jamais un bisou, jamais un geste d'affection, jamais de cadeau de Saint-Valentin. À cette aune, l'attitude de mon petit copain me frustrait, oui, mais elle ne me choquait pas plus que ça. Je m'accrochais à l'espoir qu'il allait changer. D'autant qu'il y avait des moments magiques ! La femme qui n'est jamais partie en moto collée contre Jacky ne sait pas ce que frissonner de plaisir et d'excitation veut dire... Bien que, par la suite, j'aie longtemps refoulé, sans le vouloir, nos plus beaux instants de complicité, certains remontent à ma mémoire, aussi vifs qu'au premier jour.

Par exemple, je me souviens du *week-end* passé aux 24 h du Mans – moment extraordinaire s'il en est. Jamais je n'aurais pensé vivre une telle aventure !

Je me souviens aussi avec émotion de notre virée à moto vers la mer, en Normandie.

Je me souviens également que, le soir de mes vingt et un ans, Jacky avait réservé pour deux personnes à l'Estocade. À l'époque, il s'agissait d'un des endroits les plus réputés de Chartes. Il était situé en basse ville, au bord de l'Eure. Après le repas, nous nous étions promenés, main dans la main, au bord de la rivière. Je n'ai pas oublié.

Je me souviens surtout de nos premières vacances, à Sainte-Marie-la-Mer, près de Perpignan, au cours desquelles j'ai enfin découvert le sud de la France. Pour Jacky, ces excursions n'avaient rien d'exceptionnel, car ses parents l'y avaient habitué. Pour moi, qui n'avais pas eu l'occasion de vivre de telles embardées, c'était un éblouissement. Malgré la pudeur de mon compagnon, je savais qu'il était heureux de m'ouvrir à de telles expériences, et sa joie renforçait la mienne.

À Sainte-Marie, je me souviens aussi de nos balades nocturnes le long du port, et de matchs de tennis endiablés que nous disputions en double, avec un couple rencontré sur place, avec lequel nous avions lié amitié (Jacky était un excellent joueur!). Et je me souviens enfin de ma surprise quand il a proposé de me passer de la crème solaire dans le dos – proposition qu'il a renouvelée chaque jour. Sans jeu de mots ou presque, son attention m'a beaucoup touchée!

Bref, les mois ont passé, entre câlins et silences. Est-ce que, par-delà notre complicité de couple, j'aurais aimé entendre les phrases dont je rêvais, telle: «Tu es la femme de ma vie» ou, à défaut, des mots plus terre-à-terre, comme: «Tu es géniale» ou, *a minima*, «Tu comptes pour moi»? Oui, oui, oui, mille fois oui! Hélas, les mots ne sont jamais venus. Jacky semblait incapable de les dire. J'ai jugé préférable de ne pas les réclamer. Je ne suis pas certaine qu'ils seraient venus; et, à supposer que Jacky ait réussi à les extirper de sa bouche, ne serait-ce que pour avoir la paix, quelle saveur auraient-ils eu, alors?

*

En mars 1981, juste après le mariage de mon frère Rico avec Nathalie, j'étais invitée chez Jacky. Sur la table de la cuisine, il y avait une assiette de petites crevettes grises décortiquées. Nous sommes passés à table. Je m'apprêtais à me servir, quand ma future belle-mère m'a arrêtée net:

— Non, c'est l'assiette de Jacky!

Ma charmante hôtesse est revenue avec une autre assiette de crevettes... non décortiquées. Je suis restée sans voix, et Jacky n'a

4. La question fatidique

rien dit. Je suis choquée et de l'attitude de la mère, et de la non-réaction du fils. Pour eux, tout est normal. Je suis à ce point sidérée que jamais je n'ai osé remettre cet incident sur le tapis.

C'est ce jour-là que j'ai compris la relation entre Jacky et sa mère. Le fiston était le principal centre d'intérêt de sa chère maman. Il le savait et en profitait à fond, sans complexe ni limite. Il se reposait totalement sur elle. Elle s'occupait de toutes ses affaires, du ménage à la cuisine, en passant par ses comptes et les tracasseries administratives. Il y avait là, sans doute, un côté pratique ; mais comment un adulte pouvait-il accepter le prix à payer pour cette « liberté », à savoir d'être vampirisé par sa propre mère ?

*

Quelque temps plus tard, ma future belle-mère a demandé :

— Où partez-vous en vacances ?

— En Corse, ai-je répliqué spontanément.

— Ce n'est pas à vous que je parle, c'est à mon fils !

Jacky n'a pas davantage réagi. Incapable de me révolter, j'ai néanmoins grommelé :

— Bah, logiquement, la réponse devrait être la même...

Puis pendant que je débarrassais la table, la maîtresse de maison m'a entreprise sur un sujet inattendu :

— Il serait grand temps de vous marier. J'en ai parlé à Jacky. Il est d'accord.

Je l'ai regardée, ébaubie. Pourquoi me faisait-elle, elle, la demande en mariage, et non pas mon petit ami ? Comme souvent, j'étais ambivalente. D'un côté, me marier avec Jacky était mon vœu le plus cher, le premier pas vers la suite logique de ce que j'espérais : avoir des enfants, faire construire ma maison, etc. De l'autre côté, que la mère me demande en mariage à la place de son fils me froissait.

Néanmoins, les deux côtés n'étaient pas égaux. La perspective du mariage m'emballait beaucoup plus que la méthode ne me chagrinait. D'une part parce que Jacky serait, officiellement, mon mari (quelle joie !). D'autre part, parce que, ainsi, j'allais pouvoir quitter la maison. Mes parents n'auraient jamais accepté que leur fille vive avec un homme sans être passée devant le maire et le prêtre. Cerise sur le gâteau de ma joie, Jacky allait être muté en Normandie. En d'autres termes, j'allais quitter Chartres. J'y aspirais de tout mon cœur. Je voulais changer de région et de vie. Cette opportunité m'offrait les deux à la fois. À Chartres, j'étouffais sous la pression familiale. Un projet de mariage me laissait présager une liberté à laquelle je rêvais depuis longtemps.

D'autant que, au fond de mon âme, brûlait l'espoir que, éloigné des siens, Jacky allait changer. Il s'ouvrirait davantage, il exprimerait enfin ses sentiments, et nous pourrions ainsi couler des jours heureux. Moi qui ai toujours tendance à espérer que le meilleur ne devrait pas tarder, comment aurais-je pu refuser une telle aubaine ?

*

La date du mariage a été fixée au 5 juin 1982. Les deux familles se sont réunies pour organiser l'événement. D'emblée, ma future belle-mère a pris la parole, voix assurée et pleine de sous-entendus :

— Vous savez, la famille n'est pas très grande. Nous ne serons pas très nombreux au repas...

— Ne vous inquiétez pas, a répondu ma mère qui avait saisi l'allusion. Nous prendrons en charge le financement pour notre famille et nos amis.

Comprenant que la mère de Jacky venait d'étaler sans vergogne son avarice, j'ai décidé, éberluée, de régler certaines dépenses moi-même et de m'impliquer dans l'organisation pratique de cette journée. C'est dans ma nature : je suis quelqu'un qui fait les choses ! J'ai réservé la salle des fêtes de Sours, pas très loin de notre maison. J'ai acheté les éléments de décoration qui allaient orner les lieux. J'ai commandé les dragées que je comptais offrir à chacun des invités. Enfin, je me suis rendue chez un imprimeur pour choisir les faire-part.

Un modèle me plaisait plus que les autres : il représentait un couple qui se baladait dans des champs. Les couleurs étaient dans des tons pastel que j'aimais bien, et je suis repartie avec un exemplaire.

Le *week-end* suivant, Jacky est rentré à Chartres et je lui ai parlé de mes achats :

— Regarde ! Je suis allée chez l'imprimeur. Ce faire-part me plaît vraiment beaucoup ! Qu'en penses-tu ? Nous pouvons y retourner pour regarder ensemble si tu le souhaites ?

— Bah, si ça te plaît... OK, nous irons le *week-end* prochain. Tu sais, moi, je m'en fiche un peu.

Sa réponse m'a ébranlée, mais je me suis forgée une petite explication rassurante en pensant que ce genre de détail était exclusivement féminin. Un vrai garçon ne peut pas y être sensible... même si, vues les circonstances, Jacky aurait pu consentir un p'tit effort !

Les deux familles ont fait appel à un traiteur, qui nous a proposé divers menus. Notre choix s'est porté sur une entrée de poisson, une viande en sauce accompagnée de légumes, de la salade, du fromage... et l'incontournable pièce montée, sur laquelle étaient posés deux personnages représentant les mariés. J'ai réussi à traîner Jacky à la bijouterie pour choisir nos alliances – et je ne m'attendais pas à vivre un aussi beau moment dans ce commerce. Mon promis avait décidé que nous porterions la même bague. Or, il a opté pour celle qui me plaisait spécifiquement, et il a réglé les deux alliances.

Bref, grâce à nos énergies combinées, tout était prêt pour le grand jour !

*

Le 5 juin, il faisait beau et chaud. Une très belle journée s'annonçait. Comme toutes les mariées, je me suis rendue le samedi matin chez le coiffeur pour que l'on me façonne un joli chignon. Puis l'esthéticienne m'a maquillée. J'avais une très belle robe en dentelle. Les nièces de Jacky étaient demoiselles d'honneur. Elles étaient toutes habillées de la même façon. Leur rôle – qu'elles prenaient à cœur ! – consistait à tenir le voile.

Une centaine de personnes avait été invitée. Cela aurait dû être un des plus beaux jours de ma vie, mais le cœur n'y était pas. Un sentiment étrange m'a envahie : celui de ne pas être au bon endroit, de ne pas être en accord avec moi-même. À tel point que, au moment des engagements, quand le maire m'a demandé :

— Patricia, acceptez-vous de prendre Jacky pour époux ?

le temps m'a paru long.

J'avais envie de dire non.

Sans savoir pourquoi.

Une intuition, ça ne s'explique pas. Seule reste l'évidence : à ce moment-là, j'ai failli annuler mon mariage. Puis, très vite, dans ma tête, des pensées diverses et variées traversaient mon esprit : «Que vont penser Jacky, la famille et tout le monde ? Comment faire ? Tout est organisé ! Tous ces frais engagés... »

Donc je n'ai pas osé dire «NON», ni même «non». Pour autant, je n'ai pas dit un «oui» à 100 %. J'ai plutôt prononcé un «oui» timide, hésitant, difficile, qui s'est extirpé presque malgré moi de ma bouche, mais que j'ai répété presque sans état d'âme à l'église où un prêtre a reçu nos consentements. Peut-être cela n'a-t-il rien d'exceptionnel. Si ça se trouve, de nombreuses jeunes femmes sont dans la même peur de l'engagement à l'instant crucial ! Tâchant de m'en convaincre, j'ai gommé cette hésitation de ma mémoire, et la vie a repris son cours.

5. Les beaux jours

Quelques jours après la cérémonie, nous avons organisé le déménagement en Normandie. J'ai donné ma démission pour suivre Jacky. J'ai ressenti un gros pincement au cœur en quittant mes collègues qui étaient devenues des amies. Cependant, j'avais la tête ailleurs : j'étais déjà passée à autre chose.

Heureuse de ce nouveau départ, je me sentais pousser des ailes. Nous sommes allés au magasin choisir des meubles pour notre nouveau logement : un buffet haut en chêne, un confiturier et une bibliothèque.

— Quel est le délai de livraison ?

— Environ six semaines, a répondu le vendeur.

— On fera du *camping* à la maison pendant quelque temps, ai-je conclu avec enthousiasme.

— Nous ne sommes pas en sucre ! a renchéri Jacky.

Très vite, nous avons connu un certain confort. Nous habitions une maison dans un lotissement de Saint-Valéry-en-Caux. Nous avions un grand jardin qui nous permettait de profiter de l'extérieur dès qu'il y avait quelques rayons de soleil, ce qui arrive en

Normandie de temps en temps. J'étais heureuse de vivre au bord de la mer, même si ce n'était pas la Côte-d'Azur. Je trouvais que nous étions chanceux d'avoir une si belle maison, car le logement était spacieux et bien conçu.

Quand on entrait par la porte principale, une grande entrée desservait la cuisine et la pièce à vivre. Dans la salle à manger, deux grandes baies vitrées permettaient de bénéficier d'une belle luminosité. La tapisserie de cette pièce agréable était rose clair. La cuisine était grande, fonctionnelle, et, juste à côté, c'était la buanderie, très pratique. Les chambres et les salles d'eau étaient à l'étage. Les tapisseries de chacune d'elles étaient dans des tons doux, avec des motifs différents. Dans cette maison que nous avions louée, nous devrions pouvoir vivre confortablement !

Jacky faisait souvent allusion à son salaire grâce auquel nous nous en sortions plutôt bien financièrement. Il n'avait pas tort, je ne travaillais pas ; mais c'était pour le suivre que j'avais tout quitté et je trouvais très injustes ses réflexions. Aussi l'ai-je averti :

— Tu sais, Jacky, je ne pense pas que je resterai sans travailler. J'ai besoin d'aller au boulot, de rencontrer des gens, de me sentir utile ; et puis, cela nous permettra de mieux vivre !

Mon mari m'a offert sa réponse préférée : le silence.

J'étais devenue dépendante de lui. Je n'ai jamais parlé avec lui de ce malaise. Pourquoi ? La peur de l'affrontement, sans doute : jamais je n'avais réussi à m'affirmer face à l'autorité de mon père. J'aurai tout autant peiné face à celle de mon mari, mais je gardais fermement ma meilleure arme face à son mutisme : l'espoir !

*

En dépit de nos différences de caractère, je crois que nous nous aimions. Nous éprouvions une attirance physique très forte l'un pour l'autre ; et nous étions aussi heureux que gourmands de découvrir les infinis possibles que nos corps nous offraient, et que notre éducation autant que nos parents nous avaient longtemps cachés.

Fin juin, nous sommes partis pour notre voyage de noces en Italie. Nous sommes partis à Venise, destination de rêve pour tous les amoureux ! La journée, nous déambulions dans les ruelles, passions d'une place à l'autre. Nous nous sommes rendus sur le Pont des soupirs, le Pont Rialto et la place San Marco. J'ai trouvé cette ville très vivante et originale : Venise est tant imprégnée d'Histoire, que j'ai adoré y séjourner.

Nous n'avions pas encore testé l'incontournable balade en gondole : je trouvais cette idée romantique, un peu surfaite, mais nous venions de nous marier. Alors, pourquoi pas ?

— Jacky, on pourrait visiter Venise en gondole. C'est l'occasion. On pourrait voir la ville avec un regard différent.

— Arrête avec tes idées de midinette ! Tu n'as rien de plus original ? Et puis c'est trop commercial !

— Oui c'est vrai... Mais c'est notre voyage de noces, ai-je murmuré, toute penaude.

Jacky n'a pas voulu exaucer mon rêve. J'étais triste.

Nous avons quitté Venise en direction de Rome, où nous avons séjourné quelques jours dans un *camping* proche de la capitale.

Nous étions en 1982, l'année de la Coupe du monde de foot et de la demi-finale entre la France et l'Allemagne. Nous avons regardé le match sous un immense chapiteau dressé pour l'occasion. Nous étions chauds bouillants. Les matchs précédents, nous les avions déjà regardés au bar qui donnait sur la plage, sur une petite télévision autour de laquelle s'agglutinaient tous les footomaniaques, quelle que soit leur nationalité, dans une atmosphère joyeuse et passionnée.

Des Italiens, des Allemands et des Français étaient là, mélangés et serrés pour assister à la rencontre. L'ambiance était folle. Les verres de bière se vidaient les uns après les autres autour de nous. Quand Harald Schumacher, le gardien de l'équipe d'Allemagne, a sabré le Français Patrick Battiston, une explosion de colère a secoué l'assistance. Jacky n'était pas le dernier à insulter l'arbitre en criant :

— Vendu ! Il va nous voler le match ! Pourri !

En effet, l'équipe de France a perdu ; et pourtant, malgré cette issue décevante, nous avons passé une soirée inoubliable. Quoique révolté par le résultat, Jacky était heureux. Il aimait avoir beaucoup de monde autour de lui ; et il aimait le sport.

Puis, sous un soleil écrasant, nous avons visité le Vatican, la chapelle Sixtine, le Colisée... enfin tous les lieux touristiques et monuments incontournables de Rome. Nous avons sympathisé avec de jeunes Italiens qui séjournaient dans le même *camping* que nous. J'avais appris leur langue en famille et au collège, et j'étais ravie de pouvoir bavarder avec eux. Nous avons passé quelques jours de plage et de *farniente;* nous déjeunions dans une paillote, ravis. Ces journées s'écoulaient tranquillement.

Un soir, j'ai vu une petite fille qui sautillait et je l'ai abordée. J'ai éprouvé beaucoup de plaisir à échanger avec cette enfant, pleine d'énergie, amusante et bavarde. Elle m'a dit qu'elle s'appelait Angelica. Ce prénom me plaisait beaucoup mais, depuis l'adolescence, je me disais que, si je devenais maman d'une petite fille, elle s'appellerait Lucie. J'aimais ce prénom : c'était celui de ma grand-mère paternelle ; c'était aussi mon deuxième prénom – un prénom doux, lumineux et plein d'espoir !

*

J'avais quelques problèmes avec la contraception orale. J'ai donc décidé d'arrêter la pilule et de faire attention en évitant la période la plus féconde. Inconsciemment, je pense que je voulais un enfant. Nous ne l'avions pas décidé, mais j'en avais parlé à Jacky, qui ne semblait pas être opposé à mon désir. Et pourtant, un jour...

— Jacky, j'ai une bonne nouvelle !

— Ah bon ? Laquelle ?

— Je suis enceinte. Nous allons avoir un bébé.

— Ah ouais... Quelle révolution !

Ces vacances en Italie m'avaient gonflée à bloc. Nous étions de retour en Normandie. Cette nouvelle me remplissait de bonheur. Quant à Jacky, il semblait content, mais il ne l'exprimait pas. J'aurais aimé qu'il me saute dans les bras, qu'il me couvre de baisers, qu'il fête dignement ce miracle qu'est le premier enfant pour un jeune couple ! À mon habitude, j'en attendais trop, sans doute. Jacky paraissait plus content de me voir ravie et bouleversée que d'apprendre une nouvelle qui ne lui échauffait guère les sangs.

Alors, je me suis tournée vers une oreille plus sensible. Autrement dit, j'ai appelé ma mère :

— Tu vas être encore mamie.

— Non ?

— Si, c'est confirmé, je vais avoir un bébé !

— Excellente nouvelle ! Déjà la deuxième naissance de la famille !

Maman et papa étaient déjà grands-parents de Caroline, la fille de Rico et de Nathalie.

J'ai acheté le *best-seller* de Laurence Pernoud, *J'attends un enfant*. Cette lecture passionnante et enrichissante m'a accompagnée durant cette première grossesse. Grâce à elle, j'ai pu apaiser mes inquiétudes et trouver des réponses à mes interrogations. Malgré ce précieux guide, j'ai été malade jusqu'au troisième mois. Mes goûts ont changé : je ne pouvais plus boire de café, les odeurs fortes me donnaient la nausée... Toutes ces transformations m'ont convaincue que ma vie allait changer.

Puis tout est rentré dans l'ordre, et la fin de la grossesse s'est très bien passée. Mon ventre s'arrondissait, le bébé bougeait et j'aimais rester des heures les mains sur mon ventre. Je le savais : bientôt je serais maman ! Très motivée, j'ai appris à tricoter et je confectionnais de la layette pour mon bébé.

*

Jacky ne se sentait pas concerné par les tâches ménagères et administratives. Il préférait se concentrer sur des missions plus à sa portée, comme regarder la télévision. Il la regardait d'autant plus qu'il a fait partie des *early adopters* du magnétoscope – et, à l'époque, cet appareil aujourd'hui désuet ne prêtait pas à sourire ! Passionné des nouveautés, il raffolait aussi des jeux vidéo.

Je gérais toutes les affaires du foyer. Cela ne me dérangeait pas, car je ne travaillais pas. Le dernier mois de grossesse, j'étais bien fatiguée et, quand je le sollicitais, il acceptait de mettre la main à la pâte. Il ne posait jamais les mains sur mon ventre, cela lui faisait peur :

— Non ! Ça me fait penser à *Alien* !

Bercé par l'ambiance des films d'horreur qu'il regardait sans modération, il avait l'impression que le bébé allait sortir de mon ventre tel un monstre extraterrestre. Trop de télé, peut-être ? Mais la télé était aussi l'occasion de moments très chouettes.

Ainsi, le samedi soir était un moment sacré : nous nous affalions sur le canapé, et nous regardions avec délectation les sketchs des Inconnus. Nous avons ri à nous tordre devant leurs parodies d'émission comme « Télémagouille » et « Perdu de recherche » ; nous connaissions (presque) par cœur leurs plus grands moments, comme « Les pétasses » que nous écoutions aussi en cassette vidéo et en disque ; nos rires rebondissaient l'un sur l'autre, nos enthousiasmes s'autonourrissaient... et nous étions émus, je crois, de nous sentir absolument sur la même longueur d'ondes grâce à la bande de Didier Bourdon.

Nous étions autant *fans* l'un que l'autre de Coluche. « C'est l'histoire d'un mec » était évidemment l'un de nos sketchs préférés de tous les temps, mais nous étions avides de découvrir ses nouvelles farces et réparties. Aussi ne rations-nous aucun de ses passages dans le petit écran.

La télévision nous rapprochait également, Jacky et moi, à l'heure de Roland-Garros. Nous suivions avec passion la quinzaine sur terre battue, chacun s'arrangeant pour soutenir le joueur que l'autre débinait. J'étais Mats Wilander, Jacky était John McEnroe – je préférais le jeu du fond de court, lui était premier sur les râleries au filet ; Jacky était Yannick Noah, j'étais

Ivan Lendl ; et ces chamailleries convenues contribuaient aussi à cimenter notre couple.

Oui, la télévision nous a rapprochés ; mais elle a aussi été le lieu d'une anecdote terrible qui, aujourd'hui encore, me glace les sangs. Un soir, nous étions devant la petite lucarne en train de regarder un film policier. C'était l'histoire d'une femme assassinée par son mari qu'elle avait trompé. Jacky m'a alors dit :

— Je te préviens, si tu me trompes, je ne te tue pas, je te mets une balle dans la moelle épinière. Tu seras paralysée à vie !

Symboliquement, il a tenu sa sinistre promesse, et je n'aurai de cesse de me demander si, coûte que coûte, je n'aurais pas dû le quitter sur-le-champ.

6. LES DEUX AMOURS

Jacky s'intéressait à toutes les nouvelles technologies ou gadgets et aux jeux, vidéo ou non. Dès l'apparition du Rubik's Cube, il en a acheté un. Il passait des heures à tenter de trouver la solution. Il s'énervait beaucoup car, quand il perdait, les jeux pouvaient le mettre hors de lui. En revanche, prendre du temps avec moi, il ne savait pas.

Je connaissais peu de monde, alors je me suis liée d'amitié avec ma voisine Maggy. Nous étions enceintes toutes les deux et des liens se sont créés autour de notre situation commune. Cette relation amicale m'a aidée à mieux vivre ma grossesse. Maggy était calme, posée, et cela me rassurait. Son petit Florian est né fin novembre 1982. Il était tellement beau que j'avais hâte que mon bébé vienne au monde à son tour.

Le terme était prévu pour le 8 avril. Le 22 mars 1983, à 5 heures du matin, je me suis réveillé dans tous mes états :

— Jacky, j'ai perdu les eaux, il faut partir illico à la maternité !

Je me suis levée et habillée précipitamment.

— La valise est prête...

— OK, je vais la chercher.

J'étais ravie : la chambre du bébé était meublée et décorée. J'avais effectué de nombreux achats pour habiller mon futur enfant.

Nous avons pris la route pour Dieppe en quatrième vitesse. En arrivant à la maternité, j'ai été installée dans une chambre. Les contractions se sont intensifiées : comme je souffrais ! Allongée, ce n'était pas mieux. Debout, je faisais les cent pas. Je n'arrivais pas à mettre en application les techniques de respiration enseignées lors des cours de préparation à la naissance. Je me contrôlais de plus en plus difficilement.

Jacky ne semblait pas affecté par mes douleurs. Il se montrait distant avec moi, tant sur le plan physique qu'émotionnel. J'aurais aimé qu'il me tienne la main, qu'il me rassure. Mais, au lieu de cela, mon mari, le père de l'enfant que je portais, préférait faire de l'humour. Enfin, il essayait :

— Il va bien falloir qu'il sorte !

— Appelle l'infirmière, j'ai envie de pousser, ai-je répondu, agacée.

La sage-femme est entrée dans la chambre et m'a auscultée :

— On va vous accompagner en salle de travail.

Beaucoup de pensées m'ont alors traversé l'esprit : « Mon bébé arrive bientôt, quel bonheur ! » Mais aussi : « Vais-je supporter toute cette douleur ? Je suis déjà épuisée... » Enfin, toutes les questions que se posent les mamans, surtout quand c'est la première fois !

J'étais à bout de forces. À tel point, que je ne pouvais plus suivre les indications du médecin. L'équipe médicale m'a anesthésiée et a dû recourir aux forceps pour libérer mon bébé.

À mon réveil, j'étais seule dans la chambre. Jacky n'était plus là. Il était retourné à la maison. Il n'est revenu que le lendemain. Il avait fait le choix de travailler pendant mon séjour à la maternité et de prendre des jours de récupération à mon retour, quitte à ne pas être présent lors des premières journées de son enfant.

Encore ensuquée par l'anesthésie, j'étais surprise de me trouver dans cette chambre d'hôpital. J'ai tourné la tête et j'ai découvert un bébé : que faisait-il là ? Peu à peu, les souvenirs me sont revenus : j'étais arrivée le matin, j'avais perdu les eaux... Eh oui, ce bébé à côté de moi, c'était le mien ! Une infirmière est entrée dans la chambre, et m'a demandé :

— Voulez-vous votre enfant contre vous ? Allez-vous l'allaiter ?

— Oh oui, bien sûr ! C'est un garçon ou une fille ?

— Une petite fille. Tout va bien.

Une fille, bien sûr ! Lors de la dernière échographie, on me l'avait confirmé ; et voilà qu'elle était là, en vrai.

Je lui ai parlé doucement, émerveillée de ce paquet si petit qui allait prendre une si grande place dans mon cœur et dans ma vie, sans nul doute. Envahie d'une émotion soudaine, j'ai éclaté en sanglots : je prenais conscience du sens profond du mot « responsabilité ». Mais je me suis mise à douter : serai-je à la hauteur ? Alors, je lui ai parlé :

— Bonjour, petite Lucie. C'est donc toi que je portais, que j'ai nourrie, que j'ai attendue avec une si grande impatience. Nous n'étions qu'un et voilà que, aujourd'hui, je fais ta connaissance. Je suis heureuse de ce moment.

J'ai porté la main sur mon ventre. Comme j'avais aimé cette grossesse, malgré les moments difficiles ! Et c'était déjà fini... Pas question de sombrer dans la dépression du *baby blues*. Ma personnalité de battante et d'optimiste s'agitait déjà : désormais, j'avais un enfant à élever ; et, qui sait ? peut-être Lucie allait-elle aider Jacky à changer, à assumer davantage sa sensibilité, à exprimer un peu plus ses sentiments ? Rien ne parvenait à décramponner cet espoir fou qui m'embrasait !

Pourtant, dès le début, j'ai constaté que Jacky n'était pas à l'aise avec les bébés en général et avec le sien en particulier. Quelquefois, il dépassait cette gêne, changeait sa fille ou lui donnait son biberon, et j'appréciais ces gestes simples en pensant que, pour lui, cela devait constituer un exploit à ne pas renouveler de sitôt...

À la sieste, l'après-midi, je m'allongeais avec Lucie, et, contre moi, elle s'endormait. J'aimais ces moments précieux, uniques. J'écoutais son sommeil, ses sourires, ses gazouillis. Mais j'étais très fatiguée. Je dormais mal et tout me semblait insurmontable : faire couler le bain du bébé, les courses, préparer le repas, donner le biberon...

Quelques mois plus tard, ma petite Lucie avait bien grandi tout en restant craintive. Elle pleurait souvent et s'habituait difficilement à un autre univers que le sien. Or, son petit monde allait bientôt se trouver chamboulé...

*

En septembre 1983, j'ai découvert que j'étais à nouveau enceinte. Passée la surprise, je me suis réjouie de cette grossesse imprévue. J'étais très, très heureuse. J'aime les enfants, c'est une réalité, et en avoir un second ne me faisait pas peur. Jacky a accepté l'idée. Pour lui, c'était dans l'ordre des choses. Peut-être même cela faisait-il partie de mon rôle de femme au foyer : tenir la maison, lui préparer à manger, rester soumise et tomber enceinte de temps en temps.

Malgré cette ambiguïté sous-jacente, les neuf mois se sont merveilleusement bien passés. J'avais ma petite Lucie pour occuper mes journées : nous nous promenions au bord de la mer et je me reposais pendant ses siestes. Je ne souhaitais qu'une chose : « Que ce nouveau bébé soit gourmand, pas comme sa sœur ! »

Jacky et moi communiquions peu, mais la vie se passait sans heurt car je m'arrangeais pour que mon époux ne manque de rien. Il travaillait ; moi, en sage ménagère, je m'occupais de la gestion de la maison et du jardin. Les choses s'étaient ainsi mises en place sans que nous l'ayons réellement décidé. Nous reproduisions sans en être conscients nos modèles familiaux respectifs. Je ne lui demandais rien, mais j'avais toujours en tête mon grand projet : retravailler. S'il s'imaginait qu'avoir deux petits poupons m'en empêcherait, il allait découvrir de quel bois je suis faite !

La naissance de Sylvain était prévue le 20 mai 1984. La dernière échographie m'avait confirmé que ce serait un garçon. Après ma petite Lucie, un petit mec ! J'étais enchantée. Jacky l'était également, à sa manière. Pour fêter la nouvelle autour d'un solide apéritif et d'un bon repas, il a invité « nos » amis à la maison – en réalité, *ses* amis que j'avais adoptés, à savoir ses collègues de boulot et leurs femmes, qui devaient être dans la même situation de dépendance.

Le 20 mai, j'étais toujours à la maison et j'ai décidé d'appeler la clinique.

— Si la situation n'évolue pas, venez dans deux jours, m'a-t-on répondu.

Maman est arrivée de Chartres pour s'occuper de Lucie pendant mon séjour à la maternité. Cette idée me rassurait, vu que mon conjoint était peu présent. Jacky m'a juste accompagnée à la clinique, le 22 mai au matin. L'accouchement a été provoqué et la naissance s'est passée «comme une lettre à la poste», *dixit* mon gynéco.

J'étais très émue quand l'infirmière a couché mon bébé sur moi. J'ai réellement profité de ce moment, n'ayant pas de souvenir similaire pour la naissance de Lucie. L'arrivée de Sylvain était un émerveillement.

Sylvain était calme. Très vite, il a fait des nuits complètes. Il pleurait très rarement. J'avais une fille et un fils : le bonheur... ou presque. Il manquait l'essentiel : l'unité de la famille. Cela m'attristait. J'ai chassé de mon esprit ce sentiment de frustration. Les enfants étaient là, et cela devait suffire à me redonner de l'énergie et de la motivation.

Lucie était très câline avec son frère : elle le prenait contre elle et lui faisait de petits bisous. J'étais très émue de cette complicité naissante. Ma vie tournait autour de mes deux enfants. Entre les bains, les repas, les courses et le ménage, j'avais peu de temps pour moi. Mais ce n'était pas grave : j'étais si heureuse avec mes deux amours !

7. Le bon choix

Un jour, j'ai eu le courage de mettre sur la table une idée qui me tarabustait depuis longtemps :

— Jacky, ce serait bien de baptiser les enfants.

— Toi et ton bon Dieu ! Tu peux me dire ce qu'il fait, le Barbu, pour les malheureux ?

J'ai haussé les épaules, refusant de m'embarquer dans une discussion politique dont Jacky avait le secret. Baptiser les enfants représentait pour moi un engagement important, essentiel, indispensable. Je savais que ma belle-famille ne s'intéressait pas du tout à la religion ; pour moi, c'était impossible que mes enfants ne soient pas plongés dans l'eau, embrasés par la Lumière et marqués du saint chrême.

J'ai été élevée dans la religion catholique, mais mon désir n'est pas la simple reproduction d'une habitude familiale. Aujourd'hui encore, j'ai la foi. Je crois que j'ai toujours eu la certitude qu'il existe un dieu, sans que je sois certaine de ce qui se cache sous ce mot. Quelque chose de grand, de puissant, de bouleversant, nous dépasse et nous habite à la fois ; et je souhaitais que mes enfants soient sous la protection de cette entité.

— Tu es quand même d'accord pour qu'ils soient baptisés ? ai-je donc insisté.

Et, aussi sec, j'ai dégainé mon argument massue :

— J'ai pensé que nous pourrions réunir la famille chez mes parents. Le sous-sol est grand. En plus, la cuisine accolée nous permettra d'avoir tout à portée de main.

J'ai senti que Jacky se détendait légèrement.

— Pfff, fais comme tu veux…, a-t-il soufflé, mais tu t'occupes de tout, hein !

Comme d'habitude, soucieux de ne pas s'engager, mon cher mari me laissait libre de décider puis de gérer l'intendance. D'où ce geste de tolérance religieuse, qui lui permettrait d'être entouré des siens, ainsi qu'il aimait, de parler d'EDF et de moto, et de revoir ceux qu'il aimait. Quand il vous tombe dans la bouche sans effort, un gueuleton familial vaut bien une cérémonie religieuse ! À force d'apprendre à être fine diplomate, peut-être aurais-je dû postuler au Quai d'Orsay…

*

Le sacrement a été donné aux enfants dans la paroisse de Morancez. Le repas a eu lieu chez mes parents, où les deux familles étaient conviées. Nous avons décoré le garage en salle de réception et avons installé une chaîne stéréo pour créer une ambiance musicale. Ce n'était pas pour déplaire à Jacky ! Mon mari s'exprimait peu par les mots, mais il aimait danser dès que l'occasion s'en présentait. Il aimait les musiques où saignaient les guitares. Il adorait Kiss, Van

Halen, Deep Purple, les Scorpions et leurs hymnes – «Still lovin' you» ou, plus tard, «A wind of change». À force de les écouter, il m'a appris à les aimer, moi aussi, alors que ce n'était pas vers le *hard rock* que me poussait mon cœur. Il faut croire que je suis le croisement entre une éponge et une bonne pâte!

De grandes tablées ont été dressées, et des bouquets de fleurs ornaient le buffet installé pour l'occasion.

Ce soir-là, Maman a échangé avec la mère de Jacky:

— Patricia recherche un emploi. Elle est contente de s'imaginer de nouveau au travail. Elle m'a dit qu'elle a envoyé de nombreux courriers.

En effet, j'avais appris qu'on allait bientôt recruter des employés administratifs à la centrale de Paluel, et j'avais envoyé ma lettre de motivation à EDF. J'étais pleine d'espoir, d'autant que c'était le bon moment.

— Ça m'étonnerait que Jacky accepte que Patricia travaille, a répondu ma belle-mère du tac-au-tac.

Comme si elle savait ce que son fils pensait, avant même que je l'interroge là-dessus!

Quelques jours plus tard, ma mère m'a rapporté ses propos. J'étais surprise, sans plus. Mais j'ai jugé bon d'en parler à mon mari:

— Tu sais que j'ai envoyé de nombreuses lettres de motivation, dont une à EDF? Tu es au courant qu'ils recherchent du monde dans le secteur administratif? Tu en penses quoi?

— Tu fais comme tu veux: tu travailles si tu le souhaites, mais je ne change rien à ma vie. Tu te débrouilles avec les enfants et le reste.

C'était du Jacky tout craché. J'ai donc fait du Patricia dans toute sa splendeur: je n'ai rien répondu. Plus précisément, je n'ai rien osé répondre. J'avais entendu le message, et je me suis dit que je réussirais à mener de front ma vie professionnelle et ma vie de mère. Je trouvais la réponse de mon conjoint très injuste ; habituée, je l'acceptais et j'en retenais le positif : Jacky n'était pas opposé à ce que je retrouve une activité professionnelle.

D'autant que je n'étais pas malheureuse, j'avais beaucoup d'occupations ! Je lisais avec plaisir, surtout des épopées historiques comme *La Chambre des dames* de Jeanne Bourin, qui se situe vers 1250, sous le règne de Louis IX, mais aussi des récits à scandale comme *Le Pull-over rouge* de Gilles Perrault, des récits de vie et de belles histoires d'amour ; je tricotais des vêtements pour les enfants ; je faisais de la peinture sur soie ; j'aimais les travaux manuels pour décorer ma maison. N'empêche, je voulais travailler pour trois raisons dont une seule aurait suffi : pour ne pas me scléroser dans mon petit univers ; pour continuer à rêver de construire une maison, ce qui était inenvisageable avec un seul salaire ; et pour ne plus être dépendante financièrement de Jacky, lui qui insistait lourdement sur son rôle de chef-de-famille-qui-faisait-bouillir-la-marmite.

*

Mes lettres de motivation et mes *curriculum vitae* ont suscité l'intérêt. J'ai été convoquée par EDF pour des tests de sélection qui se sont très bien déroulés. Peu de temps après, j'ai reçu une convocation pour un entretien. J'étais ravie : ça bougeait pour moi sur le plan professionnel ! Au moins quelque chose de positif...

L'entretien s'est on ne peut mieux passé mais, le soir, quand je suis rentrée, pas un mot de Jacky à ce sujet... Quelle déception, une fois de plus !

64

— Tu sais, j'ai été convoquée aujourd'hui chez EDF !

— ...

— Ç'a super bien marché.

— Ah ouais, et alors ?

J'étais en colère devant son indifférence, mais je le gardais pour moi. Jacky n'accepterait pas l'idée que je travaille : il REFUSAIT que j'aie une vie sociale. Mais de quoi avait-il peur ? Mon embauche ne pouvait que conforter notre situation financière ! Quand j'ai reçu la réponse d'EDF, ça a été l'explosion de joie, pour moi en tout cas : j'étais recrutée à la centrale de Paluel, au service achats.

La date d'embauche était prévue début décembre. Sylvain et Lucie avaient six et vingt mois. Je devais m'activer pour leur trouver une nounou. J'ai décidé que je choisirais la personne chez laquelle les enfants se sentiraient le mieux.

J'ai donc rendu visite – sans Jacky – à trois dames intéressées par ma proposition. La deuxième personne visitée semblait nous convenir : les enfants étaient à l'aise avec elle, et moi aussi. La nounou s'appelait Dominique et son fils, Anthony, était âgé d'un an de plus que Lucie. Je me suis sentie un peu apaisée : Dominique me semblait parfaite pour s'occuper de mes deux petits, même si je culpabilisais de travailler plutôt que de rester avec eux. Et puis comment allais-je réussir à faire face à tout ce qui m'attendait ? Dieu merci, j'étais courageuse et déterminée. Je n'en doutais pas, j'allais réussir.

Mieux : malgré le manque d'enthousiasme de mon conjoint, j'étais heureuse. Mon couple n'était pas au top, mais j'étais optimiste. Tout allait changer. Bien sûr, le quotidien des enfants allait se transformer également. Cependant, j'avais trouvé une nourrice *cool,* et Lucile ne tarderait pas à entrer à l'école… Je cherchais des raisons de me convaincre que je faisais le bon choix.

La séparation d'avec ma fille serait douloureuse : nous étions si fusionnelles que nous avions du mal à nous quitter, même pour quelques heures. Avec Sylvain, c'était différent : c'était un bébé si étonnant, facile à vivre !

Nous nous sommes très souvent promenés tous les trois au bord de la mer. J'aime tant regarder l'horizon et écouter les vagues s'écraser sur le rivage. J'ai toujours su que c'était un lieu bénéfique, qui me permettait de faire le point, de réfléchir. Jacky n'aimait pas se balader. Je me suis souvent demandé si c'était la promenade ou le fait d'être avec nous qui le dérangeait, refusant d'envisager une troisième hypothèse encore pire – et si c'étaient les deux ?

8. La nouvelle vie

Une nouvelle vie commençait. De nombreuses personnes ont été embauchées en même temps que moi. La direction a organisé un stage pour nous présenter EDF, et nous avons visité rapidement le site. Je travaillais dans un grand bâtiment administratif. Un matin, j'ai croisé une belle jeune femme, souriante, bien qu'elle paraisse un peu sur ses gardes :

— Bonjour, je m'appelle Patricia. Et toi ? Tu viens d'arriver ?

— Moi, c'est Christine. J'ai débarqué depuis peu en Normandie. Je viens de la région d'Amiens. J'ai rejoint mon compagnon, Luc, qui vit ici.

— Super ! En plus, nous allons travailler ensemble dans le même bureau.

Très vite, nous avons sympathisé et sommes devenues de grandes amies.

Le matin, je déposais Lucie et Sylvain chez Dominique, puis je me rendais à la centrale. Le soir, dès que je quittais le travail, je partais chercher les enfants. La vie s'organisait ainsi, et le temps passait doucement.

Jacky faisait les trois huit et travaillait un *week-end* sur deux. Les jours de semaine où il était à la maison, il ne gardait pas les petits. Il se déplaçait rarement chez la nounou pour aller les chercher et passer un moment avec eux. Nous n'étions pas souvent ensemble. Les moments de bonheur à quatre étaient réservés aux vacances. Je me souviens de séances de ski incroyables. Il m'a initiée à ce sport que je n'avais jamais pratiqué, et je l'ai admiré en le voyant dévaler tout *schuss* des pistes noires. Je me souviens d'autres moments à la plage, où il acceptait de jouer avec nos deux petits presque comme un papa poule !

Néanmoins, dans la vie courante, les trois huit ne facilitaient pas la vie en commun et l'épanouissement de chacun, Jacky compris. Moi, je traçais ma route. La semaine, j'allais à la centrale ; le *week-end*, je m'occupais du ménage, du linge, de la cuisine, du jardin et des courses, que je faisais très souvent avec les enfants, Sylvain dans le siège du caddy, et Lucie à l'arrière. Pendant qu'ils siestaient, je tricotais pour mes amours, en essayant de ne pas penser que Jacky ne me gratifierait jamais du plus petit compliment pour mon ouvrage.

Le soir, quand ils étaient couchés, nous regardions parfois la télévision. C'était l'un de nos rares terrains d'entente, avec Jacky, même s'il préférait aux émissions comiques les films d'horreur, comme *Shining*, que nous avons vu tous les deux. Ce *thriller* oppressant m'a traumatisée et, depuis, j'ai toujours refusé de regarder des films de ce genre. J'aime plutôt les histoires qui racontent la vie de femmes et d'hommes où l'émotion transpire, nous aspire et nous émeut. Là, c'était plutôt l'hémoglobine qui coulait, et je trouvais ça frustrant.

*

La première fois que Lucie est allée à l'école, ça s'est très mal passé. Les fois suivantes aussi. Ma fille se rendait malade. Elle vomissait tant elle pleurait et écumait de colère. Tous ces changements la perturbaient, elle qui était si attachée à son quotidien et à sa maman. Face à cette situation, je me sentais seule, impuissante. J'ai dû rencontrer la psychologue scolaire qui m'a écoutée et a essayé de me rassurer :

— Madame, vous avez choisi de travailler, c'est une très sage décision. Ne culpabilisez pas, votre fille le ressent. Assumez, avancez et, vous verrez, tout rentrera dans l'ordre.

J'entendais bien ce qu'elle me disait. Hélas, je n'avais personne à qui parler, ce qui me laissait seule face à mon sentiment de culpabilité. Au fond, peut-être Jacky et sa mère ont-ils raison : et si je restais à la maison ?

Tant pis pour ma belle-famille et tant mieux pour moi, Lucie a fini par s'adapter à la classe, collectionnant même les copines. Tout est rentré dans l'ordre. Mais ma fille restait réservée, sensible à l'environnement et, partant, fragile. Elle avait de grands yeux marron, avec de jolis cheveux longs et un visage d'ange. C'était une enfant câline et d'une telle intelligence que j'en étais époustouflée. Elle était studieuse, calme en cours, à l'écoute des autres, une vraie fille dans son monde de poupées et de jolies robes.

Sylvain, lui, était un amour d'enfant, blond, avec de magnifiques grands yeux bleus. Je m'émerveillais de sa facilité à s'adapter à toutes les situations. Il souriait et baragouinait en permanence. Il m'étonnait. C'était un petit comique, moins concentré en classe que sa sœur. Il collectionnait les billes et les petites voitures. Il avait beaucoup de copains et de copines.

*

En 1986, j'ai vécu l'accident de Tchernobyl avec inquiétude, pour les Russes et pour ma petite personne. L'événement a remis en cause l'organisation au sein de la centrale. Je faisais des cauchemars où je cherchais à sauver Lucie et Sylvain après un accident. Je dormais très mal et je pressentais un danger. Il faut dire que nous passions beaucoup de temps au travail à simuler des accidents liés au nucléaire. Face à ce climat anxiogène, je décidais de m'orienter vers un profil plus « technique », ce qui me permettrait de suivre des formations et de mieux appréhender les risques.

Après un entretien avec le responsable du nouveau service, j'ai été mutée à un poste qui me convenait davantage : je travaillais désormais à la maintenance, donc au cœur de la vie d'une centrale. Je découvrais un nouveau monde, avec beaucoup d'hommes, notamment des techniciens. J'étais la seule femme du service et des hommes posaient sur moi un regard différent de celui de Jacky. Cela me troublait mais, dans un premier temps, cela n'est pas allé plus loin. Rapidement, je me suis sentie très bien dans mon nouvel emploi. Une de mes principales activités consistait à saisir sur ordinateur les demandes de travaux établies par des techniciens. Cela permettait de planifier de futures interventions pour remédier à une éventuelle anomalie.

En revanche, les soirées avec Jacky n'apportaient pas de dialogues très constructifs :

— Aujourd'hui, je suis allée en salle des machines. Ce bâtiment est immense. Impressionnant!

— Ah bon ? Tu es encore allée te balader !

Quand il évoquait mon activité professionnelle, il la dévalorisait en prononçant ces mots :

— Vous êtes des improductifs !

Il n'aimait vraiment pas que j'en parle. Aussi n'abordais-je plus la question en sa présence. Ses conversations, ou plutôt ses monologues, tournaient autour du syndicalisme et de la politique, sujets qui ne m'inspiraient pas, et qu'il abordait avec véhémence :

— Il y a de moins en moins de syndiqués ; la direction aura un jour les pleins pouvoirs. Tu devrais adhérer, ce serait préférable.

— ...

— Le patronat s'en met plein les poches alors que les ouvriers ont du mal à boucler les fins de mois. Ça te semble normal ?

— ...

Depuis quelque temps, il tentait de postuler à un emploi plus qualifié et mieux rémunéré : il voulait devenir technicien. Mais il avait de grosses difficultés à se concentrer pour apprendre, et je me suis aperçue qu'il manquait de confiance en lui. Il a échoué plusieurs fois aux entretiens avec ses supérieurs hiérarchiques, ce qui le mettait hors de lui : c'était toujours de la faute des autres. Très puéril comme raisonnement... Malgré tout, il a réussi à devenir technicien. Ce jour-là, j'ai été soulagée en pensant : « Ouf, on n'aura pas la soupe à la grimace au menu de ce soir ! »

*

Un soir, Jacky m'a proposé d'inviter certains de ses collègues à dîner. Cette idée ne me dérangeait pas, bien au contraire :

— Bonsoir, je suis Patricia, la femme de Jacky. Entrez !

— Merci. Je suis Yannick, et voici Laurence, ma femme.

Le courant est très bien passé entre nous, et nous sommes devenus amis. Le lendemain, je me suis remémoré la soirée de la veille en présence de Jacky :

— Laurence et Yannick sont super sympa ! Je les apprécie beaucoup.

— Oui, oui...

Ce oui n'était pas convaincant, ni enthousiaste. Je pense que mon mari enviait ma réussite professionnelle et qu'il avait du mal à accepter ma facilité à me lier à nos enfants et aux autres en général. J'ai tenté de présenter à Jacky ma copine Christine et Luc, son compagnon. Je les ai invités à manger un soir. Hélas, Jacky n'a fait aucun effort pour se rendre agréable, et la soirée m'a semblé bien longue.

Suite à cet échec, j'ai décidé de ne plus inviter des personnes dont je me sentais proche. J'étais si triste... Je sentais que je n'étais pas sur la bonne voie avec mon conjoint. J'avais le sentiment de passer à côté de ma vie. Je ne réussissais pas à me projeter avec Jacky, et c'était réciproque. Notre couple n'avait pas d'avenir : j'aimais vivre à l'extérieur, faire du sport, passer du temps avec les enfants. Lui aimait rester à la maison, devant la télé et ses jeux.

Peu à peu, je n'ai plus eu envie de lui, et lui non plus ne semblait plus éprouver de désir pour moi. Un dégoût de la vie, de lui, de moi et de la situation s'installait entre nous : sans doute n'avais-je pas assez communiqué ? J'avais reproduit ce que mes parents m'avaient montré de la vie de couple. La peur de l'autre, de la relation, de l'amour, de l'engagement : tout cela m'avait paralysée.

Que faire ? Les enfants étaient là, et je n'avais pas le courage de quitter leur père. Je me sentais prisonnière de la situation. « Je réfléchirai plus tard », me suis-je dit une fois de plus, au lieu de résoudre le problème.

La vie continuait. Lucie et Sylvain, le travail, un peu de sport, les activités des uns et des autres, les courses et les tâches ménagères... Mes enfants prenaient des leçons de natation. J'assistais souvent à leurs cours. Jacky, lui, ne se déplaçait jamais. J'étais fière d'eux, alors que lui semblait indifférent.

J'assumais toujours autant de responsabilités au sein du foyer, mais je me sentais de plus en plus seule. Ma déception allait *crescendo*, à l'inverse de mes forces qui déclinaient : je m'épuisais, je m'éteignais doucement. Je n'avais pas encore trente ans, et ma vie semblait sans avenir. Heureusement, mon rôle de maman et mon travail me procuraient suffisamment de satisfactions pour me pousser en avant. Jusqu'à quel point ? J'ai commencé à fuir la maison, tellement j'étouffais : dès que je le pouvais, je sortais avec Lucie et Sylvain.

Ma sœur Sylvie venait quelquefois en vacances à la maison. Elle a vite remarqué que Jacky ne me soutenait pas et ne portait d'attention ni à moi, ni aux enfants :

— Patou, te rends-tu compte qu'il passe ses journées devant la télé, les pieds sur la table du salon ? Il te traite comme une esclave, sa femme de ménage, sa cuisinière, la mère de ses enfants, mais pas comme un être humain à part entière. Pas comme son épouse en tout cas.

Jacky avait du mal à supporter les jeux bruyants. À tel point qu'il hurlait après les enfants. Il avait su instaurer un climat de peur, et j'en venais à appréhender les repas de famille : je redoutais une dispute et des violences verbales. Cette peur m'empêchait d'être moi-même, de m'affirmer. Je devais protéger Lucie et Sylvain de la colère de leur père. Cette obsession me paralysait. Jacky ne supportait pas la contradiction. Il s'emportait vite. Quand il était à la maison, j'agissais en sorte que les enfants restent discrets :

— Chut, pas de bruit, Papa se repose !

J'avais peur de ses réactions. Je ne saisissais pas les raisons de ce malaise, de cette angoisse qui m'envahissait dès que j'envisageais de lui parler. Je fuyais l'évidence, la décision que j'avais à prendre : allais-je pouvoir vieillir avec cet homme ? Je sentais que non.

C'est à ce moment que j'ai cherché à m'échapper dans le regard de certains hommes que je côtoyais : eux au moins s'intéressaient à moi. Bref, j'ai trompé Jacky. Là, pendant ces instants volés, je retrouvais un peu de force, de vie. Je rêvais d'amour... et d'avoir le courage de partir avec les enfants. Je n'étais pas fière de moi, mais je ne savais plus trop où j'en étais. Je me dégoûtais. Je me sentais perdue, seule, si seule. Je n'étais apaisée que quand j'étais avec Lucie et Sylvain. Sans eux, je n'avais plus de repères.

La situation est devenue tellement insupportable que, en octobre 1989, j'ai décidé de parler de mon mal-être avec Jacky.

— Jacky, je ne vais pas bien. Je ne dors plus. Nous deux, ça ne va pas fort. Je te propose qu'on se retrouve, qu'on parte tous les deux pour savoir ce que nous souhaitons faire... On va laisser les enfants chez mes parents. Tu sais que c'est difficile pour moi de me séparer d'eux, mais je m'y résous pour nous...

— Encore un de tes caprices ! N'importe quoi ! Je n'ai pas de temps à perdre !

Jacky n'a pas compris que c'était tout sauf une lubie.

9. Le besoin d'air

Un soir de février 1990, le repas terminé, je me suis décidée à cracher le morceau. Lentement et calmement, je me suis lancée : j'ai annoncé à Jacky que je souhaitais faire un *break*, que j'étais à bout et que je ne pouvais pas continuer ainsi.

— Les enfants sont couchés. Il faut qu'on parle.

Malgré mes efforts, ma voix tremblait. J'avais peur.

— Voilà. Je suis mal à l'aise. On ne se parle pas... Ça ne peut pas durer. J'aimerais que nous nous séparions, au moins quelques mois, pour faire le point...

Je me suis tue. J'attendais une réponse quelconque : un désaccord, au moins son point de vue. Sa réplique m'a totalement prise à contre-pied :

— Pourquoi pas ? Combien de temps ?

— Jusqu'en août. On discutera de nous après l'été.

— OK.

J'étais sidérée. Décontenancée, même. Je ne m'attendais pas à une telle réaction. Malgré mon incompréhension, une chose était sûre : je savais déjà que je souhaitais divorcer. Seulement, je n'avais pas encore trouvé le courage de le lui avouer. Cela aurait été trop brutal.

Suite à cette discussion, j'ai fait une demande de logement et, en avril 1990, j'ai emménagé dans une maison avec Lucie et Sylvain, à 3 kilomètres de chez Jacky. Mes parents m'ont aidée à refaire la tapisserie et les peintures de ma nouvelle habitation. J'ai récupéré les meubles des chambres des enfants et quelques affaires chez les uns et les autres. Nous étions bien installés et j'étais fière d'être chez moi. Sans ces chaînes qui pendaient à mon cou, je me sentais libre, heureuse, légère.

Enfin!

*

Dans un premier temps, Lucie et Sylvain n'ont pas été perturbés. Jacky m'a demandé de les avoir pendant ses *week-ends* de repos. J'ai accepté. Cela me semblait être un bon compromis pour mon équilibre et celui des enfants.

J'étais sereine dans ma vie sans lui, certaine d'avoir pris la bonne décision. Les moyens financiers n'étaient plus les mêmes, mais j'allais y arriver, j'en étais convaincue.

Dès que je le pouvais, je revenais à Chartres près de ma famille. Un jour, pendant que maman repassait, j'ai eu envie de lui confier mes doutes, mes angoisses. Car si, au début de la séparation, tout se passait bien, très vite la situation s'était envenimée:

— Tu sais Maman, je suis inquiète, j'ai peur... de Jacky.

— Je ne suis pas étonnée de votre séparation: toi et ton mari n'êtes pas faits pour vivre ensemble. Il est si coléreux, excessif! En revanche, Rico et Nathalie, ce n'est pas pareil. Je n'accepte pas l'idée de leur divorce ! Caroline et Bastien vont être malheureux...

Elle s'exprimait avec véhémence.

— Maman, je te parle de ma vie, de mes craintes pour Lucie et Sylvain et, toi, tu me parles de mon frère et de ma belle-sœur !

— Vous, c'est normal. Cela devait arriver tôt ou tard.

J'ai compris que je n'obtiendrais pas de ma mère l'écoute nécessaire, et je me suis tue. Elle ne m'entendait pas, tant elle était centrée sur elle-même et obnubilée par la séparation de Rico et Nathalie.

Elle a repris la parole :

— Vous n'êtes que des individualistes ! J'aurais pu quitter votre père et je ne l'ai pas fait pour vous. Je me suis sacrifiée !

Découragée, je me suis sentie seule avec mes fardeaux. Les propos de maman m'ont ébranlée : n'étais-je pas une méchante égoïste de vouloir quitter mon mari, sans tenir compte de mes enfants ?

*

Au début, les enfants semblaient avoir compris la situation, et notre vie à trois s'organisait merveilleusement bien. Au fil du temps, le comportement de Lucie et Sylvain a changé. Après chaque nouveau *week-end* passé chez leur père, ils revenaient de plus en plus désorientés. En colère, ils n'écoutaient plus rien. Surtout Sylvain. Un dimanche, mon fils n'a pas voulu venir manger :

— Chez Papa, c'est mieux : on mange quand on veut et on n'est pas obligé de venir à table. Et puis il a un magnétoscope !

Ce n'était pas la première fois que Sylvain avait ce comportement. Mais, ce dimanche, j'ai décidé d'aller au bout, car il commençait à vouloir diriger la maison comme un petit despote, et je n'étais pas prête à accepter cette posture.

— Sylvain, lui ai-je dit, je sais que la situation est difficile pour toi, mais une chose est sûre : chez maman, on mange à table, assis sur une chaise et ce qu'il y a dans l'assiette. Chez papa, c'est différent : tu peux décider d'aller y vivre, si tu penses que tu y seras plus heureux. Je vais te préparer ta valise et tu me diras ton choix. Tu ne dois pas douter : je t'aime très fort. Mais je ne peux pas te laisser me parler comme ça !

Je me suis affairée à boucler une valise, et j'ai accompagné Sylvain vers la sortie. Nous étions sur le pas de porte :

— Tu décides. Si tu vas vers la voiture, je comprends que tu veux partir. Si tu reviens sur tes pas, que tu décides de rester. Seulement, si tu restes, tu viens manger à table avec nous.

Après une brève hésitation, il est rentré à la maison, et je n'ai plus jamais connu de conflit de ce genre avec mon fils.

*

Un soir, en rentrant de *week-end*, Lucie ne voulait pas que je l'embrasse. Je l'ai questionnée sur le motif de son refus :

— Tu es méchante, Maman, parce que tu n'aimes plus Papa ; et Papa est malheureux !

Jacky se servait des enfants pour m'atteindre... À cet instant précis, j'ai eu tellement de peine, que j'ai cru que mon cœur allait s'arrêter de battre. Maintenant, je savais que ma petite Lucie était triste... J'ai eu du mal à lui répondre sans animosité, mais je m'en suis tenue à la promesse que je m'étais formulée : ne pas critiquer Jacky devant les enfants.

— Ma chérie, papa et maman ne peuvent plus vivre ensemble. Il y a une chose que tu dois savoir : l'amour que je te porte et que papa te porte est éternel. Il ne faut pas en douter un instant.

En plus de manipuler les enfants, Jacky avait pris l'habitude, quand les enfants passaient un *week-end* chez lui, de me téléphoner la nuit pour me menacer :

— Tu ne les reverras plus.

— Pourquoi dis-tu une telle horreur ?

Il raccrochait et me laissait pétrifiée. D'autres fois, il refusait catégoriquement que je parle aux enfants. Je chassais ma terreur en pensant qu'il fallait vivre et avancer. Je ne pouvais pas me polariser sur ces intimidations. Donc, dès que Lucie et Sylvain partaient chez leur père, je rejoignais ma famille pour fuir mes angoisses. En réalité, je n'avais qu'une idée en tête : quitter la Normandie. Je me sentais prisonnière de cette région et de mon mari. J'avais besoin d'air.

10. La résolution

L'été 1990 et les vacances approchaient. Sylvain, Lucie et moi-même étions excités à l'idée de partir pour Quiberon. Je ne connaissais pas la Bretagne, et c'était l'occasion de découvrir cette région.

Les enfants, enthousiastes, ne tenaient pas en place. Nous sommes partis en *camping* chez des amis durant trois semaines. Ma sœur Sylvie, mon beau-frère Frédéric, leurs enfants Julien et Romain nous accompagnaient. Caroline et Bastien, mes neveux, nous avaient rejoints une semaine. Les repas étaient animés et joyeux. Les journées s'écoulaient paisiblement, tout juste pimentées par la joie contagieuse des petits même si, de temps à autre, je m'interrogeais avec inquiétude sur ma situation.

J'étais une des premières levées, car j'aimais profiter pleinement de la journée. Je proposais chaque jour des activités aux enfants : plage, coloriage, jeu de boules, promenade, balade à bicyclette le long de la côte sauvage en traversant les petits villages de pêcheurs, Kerné et Kernavest.

Sylvain était entier. Il ne trichait pas. Il était dans le jeu en permanence, toujours en train de tester les adultes. Très régulièrement, mon fils me demandait :

— Maman, tu nous chantes quelque chose ?

Je fredonnais alors une ballade de Tri Yann ou de Graeme Allwright. À peine la chanson terminée, les enfants réclamaient :

— Encore une, maman !

Lucie était une *fan* inconditionnelle de Roch Voisine. Dès que la chanson « Hélène » passait sur les ondes, elle restait scotchée devant le poste.

— Chut, j'écoute la musique, s'écriait-elle, agacée. Faites moins de bruit !

Comme tant de petites filles, elle était amoureuse de son idole. Elle collectionnait les photos qu'elle trouvait. Elle chantait peu, mais on pouvait la surprendre en train de fredonner timidement.

*

Des amis nous ont rejoints, accompagnés de leur fils de dix-huit ans, Guillaume. Lucie était très discrète, réservée et charmante. Cet été, son cœur a chaviré pour le jeune homme. Le soir après la douche, pour attirer son attention, ma fille revêtait sa plus jolie robe. Elle était émouvante.

Romain, deux ans, avait pris en affection le poupon de sa sœur, presque aussi gros et grand que lui. Il le trimbalait partout, et Lucie le lui laissait gentiment. Julien et Sylvain, les deux cousins, se chamaillaient de temps en temps. Par exemple, Julien s'emparait souvent du vélo de Sylvain, qui n'acceptait pas toujours de le prêter.

— Maman, pestait-il, Julien a pris mon vélo, il ne veut pas me le rendre !

— Laisse-le-lui encore un peu, Sylvain : tu seras bien content qu'il te prête ses jouets !

En somme, nous avons vécu un bel été. Pourtant, au milieu de ces moments d'insouciance, Lucie a glissé des paroles alarmantes :

— Tu sais, maman, papa veut mourir : c'est pour ça qu'il conduit très vite...

Un autre jour, en promenade, Sylvain est descendu du trottoir et s'est mis à marcher sur le bas-côté de la route.

— Sylvain, lui a lancé Lucie, tu es comme papa : tu veux mourir.

Abasourdie, effrayée, c'est à cet instant précis que j'ai pris ma décision : je vais divorcer et protéger les enfants. Que Jacky parle ainsi devant Lucie et Sylvain m'insupportait. Je ne pouvais plus le tolérer. Je ne voulais plus vivre avec lui, c'était une certitude

Hélas, les vacances se terminaient. J'avais l'estomac noué à l'idée de retourner en Normandie. Néanmoins, j'étais fermement décidée à affronter Jacky. Je n'avais plus le choix. Rapidement, je devais reprendre le travail. Il était prévu que les enfants aillent chez la nounou. Jacky m'a téléphoné :

— Ça va ?

— Oui, ça va. Les vacances se sont bien passées. Les enfants seront chez Dominique à compter de demain.

— Tu aurais pu m'en parler avant ! Je ne travaille pas pendant dix jours, t'as qu'à me les laisser.

— Comment veux-tu que je devine ton *planning* ?

— Ben, en me posant la question.

— Et qu'est-ce que je fais pour Dominique ?

— Tu l'appelles et tu annules.

Je n'ai pas osé lui dire combien j'avais peur de l'appeler. J'ai soupiré et concédé :

— D'accord, je te les déposerai.

J'étais très étonnée. Quand nous vivions ensemble, jamais il ne proposait de rester avec eux.

J'ai aidé Lucie à préparer sa valise. Nous étions dans sa chambre quand elle s'est mise à sangloter.

— Qu'est-ce que tu as, ma chérie ? lui ai-je demandé.

— Je ne veux pas aller chez Papa !

— Ma chérie, il a besoin de toi. Bientôt, ce sera différent.

J'étais angoissée. Je ne savais pas quoi faire, entre cette peur que j'avais au ventre et celle de Lucie qui redoutait de retourner voir son père. Résultat, malgré nos craintes partagées, Lucie et Sylvain sont allés chez lui.

*

Jacky et moi avions décidé de nous rencontrer pour parler de l'avenir, celui de notre couple notamment. Mon mari souhaitait que nous reprenions une vie commune. De mon côté, j'en avais décidé autrement : je voulais divorcer. Lors de cette dernière entrevue, à la fin du mois d'août, Jacky a compris que j'étais résolue, que rien ne me ferait changer d'avis :

— Patricia, je me fous de ce que tu as fait. Reste avec moi. Je ne suis rien sans toi.

— Non. Je veux divorcer. Je ne veux pas d'un chien, je veux un homme !

Qu'avais-je dit ? Cette dernière phrase m'a échappé, mais il était trop tard quand j'ai pris conscience de l'impact de mes paroles. L'attitude de Jacky, qui était prêt à s'humilier face à moi, à la manière de Brel dans « Ne me quitte pas », m'écœurait. J'avais face à moi une personne que je ne connaissais pas. Sous le vernis, l'homme que j'avais épousé était une lavette. Jacky a pris ces paroles en pleine figure. Je le voyais perdu, je le sentais désespéré. Il régnait une atmosphère angoissante. Égarée, je l'étais aussi : je ne savais plus quoi dire, ni quoi faire. J'ai regardé autour de moi, et j'ai vu ma petite Lucie dans la pièce. Elle nous regardait, avec ses grands yeux innocents. J'avais le cœur brisé !

Jacky s'est approché et a levé la main vers moi. Lucie s'est interposée entre nous, ne supportant pas de voir ses parents se déchirer. Désarmé par le geste de sa fille, Jacky m'a poussée vers la sortie.

— Je peux voir Sylvain ? implorais-je.

Notre fils jouait dans la pièce voisine.

— Non, pars !

Je n'ai même pas pu embrasser Lucie. C'est alors que je l'ai interrogé :

— Vais-je revoir les enfants ?

J'ai croisé son regard, j'avais peur. Je regrettais la question. Trois jours après, sa réponse m'est parvenue, griffonnée sur un morceau de papier déposé dans ma boîte à lettres :

« La question n'est pas de savoir si tu vas revoir les enfants, la question est de savoir comment éviter de ne pas les revoir. La balle est dans ton camp. »

J'ai lu et relu ce courrier. Ces termes extrêmement violents m'inquiétaient et résonnaient en moi. Pourquoi avais-je posé cette question ? Aucun parent qui se sépare de son enfant ne se la pose. Il régnait un tel malaise, un tel chaos… J'avais peur. Je ne pourrais pas vivre sans eux !

10. La résolution

Aussitôt, j'ai contacté une assistante sociale et j'en ai informé Jacky au téléphone :

— J'ai pris rendez-vous avec les services sociaux, afin de pouvoir échanger à trois et trouver une solution pour nous.

Sans hésitation et contre toute attente, il a accepté ma proposition. La rencontre était prévue le jeudi 6 septembre. Par précaution, je suis allée voir mon avocat, et j'ai évoqué les menaces que je sentais planer.

— Attendez de retrouver vos enfants, puis vous irez déposer une main courante, m'a-t-il conseillé.

Nous étions le lundi 3 septembre 1990. Encore deux jours à patienter. Je devais aller chercher les enfants le 5 septembre, à 18 heures.

Je ne les ai jamais revus.

Deuxième partie :
Les années Éric

11. Le phare dans la tempête

— Madame, vous êtes à l'hôpital de Dieppe. Savez-vous pourquoi vous êtes là ?

Ce 6 septembre 1990, vers midi, je me suis réveillée aux urgences. Une infirmière était à mon chevet en train de m'interroger sur la raison de ma venue. Je l'ai regardée. J'ai fait beaucoup d'efforts pour rassembler mes souvenirs. Petit à petit, la mémoire m'est revenue :

— Mes deux enfants sont morts... C'est leur père qui les a tués...

Je ne pleurais pas quand j'ai prononcé ces mots. J'avais conscience du poids de mes paroles, mais j'étais incapable de verbaliser ma douleur et ma peine. Je ne ressentais rien. C'était terrifiant.

L'infirmière ne m'a pas répondu.

*

La veille du drame, j'avais appelé mes parents pour leur faire part de mes inquiétudes :

— Maman, Lucie et Sylvain ne sont pas avec moi. J'ai peur qu'il soit arrivé un malheur. Je ne sais pas quoi faire.

Mes parents ont passé une longue nuit d'angoisse et, tôt le matin, ont pris la route pour la Normandie. En arrivant à la maison, ils ont été informés par les gendarmes. Ma mère s'est littéralement effondrée. Mon père a éclaté en sanglots.

À midi trente, ma sœur Sylvie, aide-soignante à l'hôpital de Chartres, était à son travail quand elle a reçu un appel urgent. Au téléphone, un homme en larmes lui a annoncé la nouvelle. Un temps, ma sœur ne l'a pas reconnu tant il pleurait. Sylvie et Frédéric, son mari, Thierry et Claire, sa femme, ont pris aussitôt la route pour Dieppe. Le silence régnait dans les deux véhicules. Le choc était total, l'atmosphère étouffante. Rico, mon autre frère, vivait à Tours. Lui aussi est parti précipitamment pour la Normandie.

Mon amie Christine m'a rendu visite à l'hôpital. Au cours de ces heures terribles, elle était parmi les premiers à venir à mon chevet. Quelques jours plus tôt, j'avais évoqué avec elle mes angoisses concernant mes enfants. Après le drame, bouleversée, je lui ai demandé :

— Tu savais, toi, qu'il était en possession d'une arme ?

— Non... C'est horrible ! Où se l'est-il procurée ?

J'avais entendu parler de l'arme à feu dans le camion qui m'avait amenée de Saint-Valéry-en-Caux à Dieppe. Les pompiers supposaient que je dormais, mais je me contentais de somnoler. Ils discutaient du drame et échangeaient sur la manière dont Lucie et Sylvain étaient morts :

— Comment une telle horreur est-elle possible ?

— Avec une carabine... Il faut être fou !

Ces mots glissaient sur ma peau mais restaient à l'extérieur de moi, car mon cerveau refusait de s'encombrer d'une telle violence.

Je savais ce qui s'était passé, mais j'étais hors du temps, déconnectée de mes émotions, de ma souffrance. Mon cerveau était anesthésié. Mon cœur battait mais ne ressentait plus rien. C'était un cauchemar, c'était irréel. J'allais me réveiller, retrouver les enfants. C'était juste une question de temps. Ces gens autour de moi, si tristes, si désespérés, allaient disparaître de mon mauvais rêve. Il suffisait de patienter, de faire semblant. Tout allait redevenir comme avant. Lucie et Sylvain allaient à nouveau se blottir dans mes bras. D'où mes propos qui n'étaient pas en phase avec la réalité et l'ampleur du drame qui venait de nous frapper. Je savais que cette histoire n'était qu'un mauvais rêve. Impossible qu'il en soit autrement !

*

La réalité m'a rattrapée en une question de mon père :

— Où veux-tu faire enterrer les enfants ?

Il fallait prendre rapidement une décision.

— À Morancez, ai-je tranché. Je veux quitter la Normandie, je ne peux plus y rester.

À cet instant, je me sentais incapable d'imaginer vivre là où tout me ramènerait à eux, où tout me serait insupportable, impossible. Je percevais la fragilité de mon état et, en même temps, la force qui m'animait.

— Et pour Jacky, que fais-tu, Patricia ?

C'était la première fois que le prénom de mon mari était prononcé. Jamais nous n'avions évoqué Jacky. Pas une fois, je n'ai demandé de ses nouvelles. Spontanément, j'ai lâché :

— Qu'on l'enterre avec eux.

11. Le phare dans la tempête

Cette décision s'est imposée à moi avec clarté, avec lucidité : instinct de survie ? intuition ?

— Tu... tu es sûre ?

— Oui, j'en suis sûre. Je vais les laisser ensemble.

Cette réponse a surpris tout le monde. Les membres de ma famille se sont regardés avec stupeur : leurs yeux en disaient plus long que des paroles.

— Je ne suis pas d'accord avec son choix, a désapprouvé Sylvie. Patou est sous antidépresseurs et sous anxiolytiques. Bien qu'elle paraisse déterminée, je ne sais pas si elle est parfaitement lucide ni si elle est capable de prendre des décisions sensées.

Mes frères et ma sœur sont sortis de la chambre. Ils manifestaient ainsi leur incompréhension à l'idée que les enfants soient inhumés avec Jacky. Ce n'est que plus tard, avec beaucoup d'humilité, de confiance et d'amour, qu'ils ont fini par accepter ma volonté.

Comment expliquer à quel point je me sentais coupable ? Les insinuations de Jacky et les paroles que nous avions échangées m'avaient amenée à penser que j'avais commis des fautes, celle de ne pas avoir pris au sérieux ses menaces, d'avoir quitté Jacky, de l'avoir trompé. Je pensais être une mauvaise personne. Pour se venger, il me « paralysait à vie », comme il me l'avait dit, quelques années plus tôt. En tuant les enfants, qui n'étaient pour rien dans nos conflits conjugaux mais qui étaient ma raison de vivre, il savait ce qu'il faisait : en commettant cet acte, il voulait me punir définitivement.

Ils étaient morts ensemble et, moi, je n'avais pas envie de me suicider, dans un vain espoir de les rejoindre. Néanmoins, quelle violence de ne pas être au même endroit que Lucie et Sylvain !

*

Mes frères, ma sœur et mes parents ont séjourné quelques jours en Normandie, pour passer de longs moments près de moi. Nous étions terrassés par la tristesse. Je leur ai demandé :

— Lucie et Sylvain son morts, c'est horrible... Mais comment ? J'espère qu'ils n'ont pas souffert... Dites-moi : ils ont été drogués ?

J'avais occulté la façon dont le drame était survenu. J'essayais de me persuader que mes enfants étaient morts dans leur sommeil, sans souffrir.

Le matin, au réveil, les événements de la veille me sont revenus à l'esprit. Ma sœur Sylvie a passé une nuit près de moi, à l'hôpital. Je me souviens de lui avoir dit :

— Je veux ouvrir un magasin de fleurs avec toi. Ça me ferait très plaisir de réaliser ce projet avec toi !

Sylvie m'a regardée intensément, hébétée. Sa sœur était-elle en train de perdre la raison ? Ou divaguait-elle à cause des tranquillisants ?

— Tu as bien entendu, j'aimerais travailler avec toi et vendre des fleurs. J'aime les fleurs !

— Oui, oui... On va s'occuper de ça. Plus tard...

L'accueil à l'hôpital a été exceptionnel. L'équipe médicale a entouré ma famille et écouté mes proches autant qu'elle m'a soutenue avec de petits gestes de réconfort me rappelaient que j'étais encore en vie.

Puis un gendarme m'a rendu visite et m'a interrogée :

— Savez-vous si votre mari avait une arme ?

— Non, non... Il n'en possédait pas.

— Quand l'avez-vous vu pour la dernière fois ?

D'une voix sans vie, j'ai raconté au gendarme notre ultime rencontre. Après ma déposition, mes parents et moi avons pris la route de Chartres.

Entretemps, j'avais vu un psychiatre à l'hôpital de Dieppe. Je me souviens de lui avoir tenu des propos dérangeants, décalés et violents, lui faisant part de mes pensées et de mes objectifs, de façon pas toujours cohérente :

— Je sais que j'aurai d'autres enfants… Je viens d'apprendre que Lucie et Sylvain sont morts… Je souffre énormément : je me dégoûte d'être encore en vie ! J'ai honte d'être là ! Mais j'ai de l'espoir : je serai mère à nouveau. Savez-vous que, depuis que je le sais, je ne suis plus dans l'angoisse et la peur ? L'angoisse est un état insupportable.

Et puis, au milieu de ce tsunami de souffrances, j'ai ressenti cette certitude puissante comme une vague qui sourd d'on ne sait où : « J'ai choisi la vie. »

Oui, j'ai choisi la vie.

Cette évidence m'est apparue comme un phare en pleine mer qui, pendant la tempête montre la route à ceux qui sont égarés. Je n'ai jamais détourné mon regard de cette lumière, de peur de perdre le fil de mon histoire. J'avais une lueur d'espoir. Je ne connaissais pas encore la profondeur des ténèbres dans lesquelles j'allais plonger mais, à cet instant précis, au bord du précipice, une volonté s'est emparée de moi : dans un premier temps, survivre ; dans un second temps, vivre, et vivre bien. Comment ? Je ne savais pas. Un pas après l'autre.

Cependant, malgré ma décision de vivre, je n'avais plus de raison de me lever, d'aller au travail et de faire toutes ces petites choses de la vie qui vous stimulent. Un grand vide s'était installé en moi. Un vide absolu ! J'étais absente, et j'éprouvais le sentiment étrange d'être une morte vivante. Je subodorais que le chemin allait être douloureux et difficile.

Néanmoins, je ne doutais pas. Par tous les moyens, malgré les remous, je garderais la tête hors de l'eau.

12. Le long voyage

Mes parents et moi sommes revenus à Chartres le 8 septembre. Ensemble, nous avons préparé les obsèques qui se dérouleraient à l'église de Morancez. J'ai choisi un gros cœur pour la sépulture, sur lequel étaient dessinées deux hirondelles. J'immortalisais ainsi l'amour éternel que je ressentais pour mes deux anges.

À côté, sur un autre cœur en marbre, j'ai fait graver ce texte que j'avais écrit…

Aucun sourire n'est aussi tendre
que ceux que vous m'adressiez.
Alors que je m'empressais de tendre
les bras pour vous chérir et vous raconter
l'histoire du marchand de sable et du Petit Poucet,
un matin, deux hirondelles sont venues vous enlever
pour un long voyage.
Depuis, chaque matin, ma première pensée
est de chasser les nuages.

J'aurais pu laisser à d'autres le soin de préparer la cérémonie, mais je tenais absolument à participer à l'organisation. Je me suis investie du mieux que j'ai pu. Il était pour moi essentiel que j'accompagne Lucie et Sylvain dans leur dernière petite maison.

Je n'ai pas souhaité assister à la fermeture des cercueils, mais j'ai insisté pour que mes enfants aient leur peluche préférée avec eux. Lucie portait les boucles d'oreilles que Sylvie lui avait données, et qui dataient du baptême de sa tante.

*

Les obsèques ont eu lieu le 11 septembre 1990. Près de vingt-huit ans plus tard, je ne me rappelle pas de chaque moment, mais j'ai le souvenir d'avoir accompli ce que je devais faire en tant que mère.

L'heure de la cérémonie approchait. Nous sommes partis à pied de la maison à l'église. Le corbillard est arrivé. Après la sortie des cercueils de Lucie, Sylvain et Jacky, toute la famille est entrée dans l'église pour les accompagner. Ce 11 septembre, l'église était pleine. Beaucoup de gens venus assister aux funérailles se tenaient debout, voire à l'extérieur. Quelle foule ! Des amis de mes parents, de mes frères, de ma sœur, des collègues de la centrale pour lesquels avaient été affrétés des bus de Normandie... et des membres de la famille de Jacky. L'assemblée était grave et silencieuse, l'atmosphère était pesante.

J'étais à la fois écrasée par la douleur et transportée par une grande force que me communiquait chacun des participants. J'avais conscience que parents, amis et collègues s'étaient déplacés pour les enfants et pour moi.

Je devais rendre un hommage digne à ma Lucie et à mon Sylvain. Rien n'était assez beau pour honorer leur mémoire, et je tenais à ce qu'ils soient fiers de moi. Je me sentais investie d'une mission : réussir cet au revoir.

Voici l'un des textes que j'ai lus lors de la cérémonie :

« Lucie et Sylvain sont entrés dans ma vie. Ce fut une explosion de bonheur. Ils étaient ma raison de vivre et seront toujours ma raison d'exister. Sachez qu'ils me manquent déjà beaucoup. Pour eux, je vais continuer à vivre afin que leur mémoire et leur souvenir ne s'éteignent pas. Qui était Lucie ? C'était la douceur même, le calme, la sagesse. Elle était ntelligente et pourvue d'une grande sensibilité. Qui était Sylvain ? On le qualifiait de charmeur, d'espiègle, toujours à la recherche d'un câlin. C'était un petit garçon plein d'énergie et de vie. Mon grand regret : ne pas le voir grandir. Je vous aime tant ! »

Dans cette église de Morancez, j'ai confirmé mon engagement à vivre. Face aux trois cercueils, j'ai pris la parole :

« Jacky, je te pardonne ton acte, même s'il brise mon cœur. Si aujourd'hui je parviens à pardonner, c'est grâce à tous ceux qui m'aident et me soutiennent dans cette épreuve. Je souhaite que ce pardon m'apporte la paix et que Lucie et Sylvain m'approuvent. J'espère que toutes les personnes qui m'aiment lui pardonneront également, car je suis consciente que, la haine dans le cœur, jamais je ne trouverais la paix. »

Oui, je pardonnais.

Sincèrement.

Étonnant, n'est-ce pas ? Personne n'a compris. Je ne faisais pas table rase de l'acte inhumain de Jacky. Je n'oubliais pas. Je n'excusais rien. Je me donnais simplement la possibilité de continuer à vivre.

J'avais décidé d'inhumer Lucie et Sylvain avec leur père et non pas avec leur meurtrier. Et moi, leur mère, je n'étais pas où l'on m'attendait, dans la violence, la colère et la haine. Mais quelle culpabilité j'éprouvais de ne pas vouloir être au même endroit que mes enfants!

J'avais choisi la vie. En pardonnant ce que Jacky avait fait, j'espérais être pardonnée.

*

Dans un premier temps, le pardon a été libérateur. Dans un second temps, il a muté insidieusement en prison de silence. Je ne savais pas que, en pardonnant si vite, je posais un acte d'abandon sur les enfants et moi-même. Je sais aujourd'hui qu'il faut du temps : si la colère rend la vie pénible, le pardon est l'issue de secours. Pour survivre, j'ai brulé les étapes, j'ai pardonné trop vite. Alors, je suis entrée, à mon insu, dans un long et profond chemin de culpabilité et de fureur contre moi-même qui a duré vingt-cinq ans.

Néanmoins, au moment de l'enterrement, je baignais dans la musique du «Grand Bleu» qui habitait l'église durant la bénédiction des corps. Nous aimions tant ce film... Les hommes de la famille ont porté les cercueils au moment de la sortie. Il régnait une telle émotion!

Je me souviens d'avoir suivi le corbillard jusqu'au cimetière, situé à côté de l'église. Je me suis sentie seule, mais je savais que ma famille était proche. Cela m'a rassurée. Le moment de la mise en terre des corps des enfants a résonné comme un déchirement. J'ai pris conscience de la séparation physique. J'ai eu un instant l'envie de me sentir aspirée par ce vide existentiel qui m'envahissait.

Au terme de la cérémonie, la mère de Jacky m'a dit :

— Oubliez tout cela, refaites votre vie. Moi, je ne lui pardonnerai jamais.

Je l'ai regardée interloquée, incapable de répondre à ces propos qui dépassaient l'entendement.

« Oublier les rires et les sourires de mes enfants ? Oublier leur tendresse, leur amour ? Comment pourrais-je oublier ? »

Je la sentais accablée, blessée. Elle ne pouvait pas être la mère de cet homme qui a su organiser le meurtre de ses enfants et son suicide. En ne lui pardonnant pas et en le rejetant, elle pensait continuer à vivre avec un poids moins lourd pour sa conscience de mère.

La cérémonie terminée, une collation a été proposée à la famille et aux amis venus de loin. J'ai demandé à Sylvie :

— Tu peux aller chercher vos enfants ?

J'avais besoin de les voir. De voir des enfants. De sentir leur vitalité. J'avais fait le choix de vivre. Je devais donc aller vers tous ceux qui étaient porteurs de cette vie. Mon neveu Julien, 5 ans, le fils de Sylvie, s'est exclamé en arrivant chez mes parents :

— C'est super, c'est un mariage chez Papy et Mamie !

En voyant toutes les voitures stationnées, avec tout ce monde dans le jardin, il était étonné. D'où sa confusion entre noces et funérailles...

*

Peu après la cérémonie, je suis allée me reposer avec ma mère. Depuis mon retour de Normandie, l'après-midi, nous nous reposions ensemble dans ma chambre d'enfant. J'étais contre elle, nous parlions peu, dormions beaucoup. Elle me soutenait. Mes parents, mes frères et ma sœur ont été essentiels à mon rétablissement. Dans une telle épreuve, se sentir aimé est indispensable, et c'était le cas.

L'enterrement passé, je me suis retrouvée à nouveau plongée dans un sentiment de vide absolu. J'étais partie précipitamment de Normandie, sans bagages, et il était à présent nécessaire de faire les boutiques. Ma sœur et ma belle-sœur m'accompagnaient. Sylvie me portait littéralement, par moment, tellement j'étais ensuquée par les médicaments.

J'éprouvais un réel plaisir à faire les magasins, où j'ai acheté des vêtements. Lucie et Sylvain aimaient quand je portais des tenues hautes en couleurs. Je continuais à m'habiller de la même façon pour rester la mère qu'ils aimaient. Tant pis si cela semblait choquant et loin de ce que l'on attend d'une mère éprouvée par le deuil, qu'on imagine en noir, comme les pleureuses italiennes : le noir, je ne l'avais jamais porté !

Sylvie et Nathalie avaient hâte de rentrer, tant mon comportement leur semblait étrange. Je tenais des propos décalés, parfois inappropriés et souvent exubérants. Je parlais fort, je riais bruyamment... Plus tard, mes deux piliers m'expliqueront le jeu d'équilibriste auquel elles se sont livrées, l'air de rien, pour m'éviter de voir les titres de journaux placardés un peu partout, qui évoquaient mon propre drame.

13. Le rayon d'espoir

Dès le lendemain de l'enterrement, on m'a amenée chez une psychiatre. J'étais accompagnée de mes parents. Le rendez-vous a été bref. Après avoir pris connaissance de mon histoire, la psy m'a présenté l'idée que j'avais besoin de me reposer. J'imagine que toute la famille craignait mes comportements et avait peur pour moi, peur que je me suicide.

D'emblée, elle m'avait demandé en quoi elle pouvait m'aider. J'avais répondu indirectement :

— Mes enfants sont morts. Leur père les a tués.

Je ne pleurais pas en tenant ces propos. J'étais détachée de mes mots et de mes émotions.

— Je vous propose d'aller vous reposer dans une maison de convalescence. Qu'en pensez-vous ?

— Je ne sais pas... Je ne vois pas ce que je peux faire... Je suis fatiguée.

— Oui, je comprends.

La psy a téléphoné à une clinique neuropsychiatrique de Touraine pour demander s'il était possible de m'accueillir. Aussitôt après avoir raccroché, elle m'a expliqué :

— Vous avez rendez-vous le 13 septembre à onze heures.

La clinique était un bâtiment ancien situé au cœur d'une forêt, à 20 kilomètres de Tours. J'ai le souvenir d'un endroit privilégié, calme, reposant. Le centre accueillait des personnes d'horizons différents mais toutes en grande souffrance.

Mon père nous accompagnait toutes les deux, ce 13 septembre 1990. Ma mère souhaitait être elle aussi hospitalisée, pour rester auprès de moi et me protéger. Sous le choc, elle a été prise en charge par une équipe médicale, pendant que j'étais accueillie par un psychiatre. Après un bref échange, j'ai été conduite vers une chambre déjà occupée par deux autres patientes.

L'infirmière m'a fait visiter les lieux : salle de restauration, salle d'animation, infirmerie où étaient distribués les traitements. Elle m'a décrit le règlement à respecter, entre autres l'article spécifiant de ne pas quitter le domaine. Il fallait prévenir de mes déplacements en m'inscrivant sur les programmes d'activités (natation, promenade, footing, travaux manuels). J'ai dû me séparer de mon sac à main, avec l'ensemble de mes papiers et les quelques bijoux que je portais alors.

*

L'heure du déjeuner est très vite arrivée. Quand je suis entrée dans la pièce, tous les patients étaient attablés et j'ai dû m'asseoir au seul endroit libre.

— Tu es nouvelle ici ? s'est étonné mon voisin. Je m'appelle Éric. Et toi ?

Éric était un beau jeune homme de vingt-trois ans à peine, mais impressionnant par sa taille. Sa voix était grave, douce. Il souriait peu, riait moins encore. Il fumait beaucoup. Il s'habillait avec des vêtements sombres. Il portait un bandana autour du cou, comme Renaud dont il était fan. Éric était un habitué des lieux. Il souffrait d'un manque total de confiance en lui. Il avait déjà tenté d'attenter à sa vie. Je le trouvais séduisant.

— Oui, je viens d'arriver. Je m'appelle Patricia.

— Pourquoi t'es là ?

— Mes deux enfants sont morts la semaine dernière. Mon mari les a tués et s'est suicidé.

Ma réponse un peu brutale, à la hauteur de sa question, a jeté un froid glacial sur notre conversation... Depuis le drame, je n'avais cessé de raconter ce qui s'était passé, comme s'il s'agissait d'une histoire très banale, d'un fait divers arrivé à quelqu'un d'autre et que j'aurais lu dans le journal. C'était une manière naïve, sans doute, mais spontanée de me protéger : cette histoire restait ainsi en-dehors de moi. Du moins je le croyais...

— Il faut que je me repose, c'est pour ça que je suis là... Tu aimes quoi en musique ?

— Renaud, j'adore.

— J'écoute Patrick Bruel. Seulement voilà : j'ai pris les CD, mais je n'ai pas le lecteur ! C'est dommage. J'aurais aimé écouter de la musique.

C'était l'album dans lequel était enregistré « Casser la voix ». Cette chanson résonnait en moi, faisant écho à ma souffrance. Là où j'avais mal, personne ne pouvait me soigner, me réparer.

L'envie de me « casser », de me faire mal, me hantait : je voulais que la douleur morale s'éloigne de moi, en se transformant en une douleur physique beaucoup plus supportable.

Mon voisin de table me semblait gentil et triste à la fois. Il paraissait mystérieux mais il m'attirait : sa fragilité était perceptible. Après le repas, je me suis dirigée vers ma chambre où j'ai fait connaissance avec mes compagnes. J'étais en train de défaire ma valise pour ranger mes vêtements et mes affaires de toilette, quand on a frappé à la porte. J'ai ouvert.

Un grand jeune homme brun se tenait face à moi. C'était Éric : il souhaitait me prêter son lecteur CD. Gênée, j'ai malgré tout accepté sa proposition.

J'ai peu écouté de musique pendant mon séjour dans cette clinique. Très vite, j'ai compris que, malgré mon désir initial, je n'avais pas le cœur à écouter quoi que ce soit, et encore moins à chanter. La musique m'agressait, aussi douce soit-elle...

*

La journée était rythmée par la prise des médicaments, les repas, la visite du psy, la sieste et les diverses activités proposées. J'ai passé quatre semaines dans cet endroit. Des liens se sont tissés, avec certains plus qu'avec d'autres. J'ai côtoyé des malades violents, dépressifs, alcooliques, drogués...

Je me suis inscrite à de nombreuses animations. J'étais volontaire et déterminée : je suis allée nager, courir, me promener, jouer au ping-pong, faire de la gym... Certaines après-midis, j'allais en salle d'activités où il était proposé, entre autres, de peindre sur différents supports. Je ne serais pas partie de la clinique si je n'avais pas atteint l'objectif que je m'étais fixée : réaliser sept masques en plâtre différents pour chacun de mes neveux et nièces ! Chaque réalisation était une réussite et une fierté.

*

Les visites étaient réglementées. N'empêche, mon père, mes frères et ma sœur venaient souvent me voir. Nous sortions alors du domaine et allions boire un verre au village le plus proche. Je garde le souvenir d'une après-midi en particulier. Alors que nous étions assis, une classe d'enfants âgés de 6 à 7 ans est passée devant nous. Je cherchais alors une chevelure semblable à celle de Lucie. Pendant des mois, à chaque rencontre avec des enfants, mon cœur de maman se soulevait d'espoir, pour laisser aussitôt place à une douleur intense.

De temps en temps, j'avais le droit de rendre visite à ma mère, hospitalisée dans la clinique voisine. Sa douleur me touchait et m'oppressait à la fois. Je longeais un bois pour m'y rendre : la région de Tours est boisée, c'est un lieu idéal pour se reposer.

Lors de l'une de mes visites, assises sur un banc, nous avons discuté. Enfin, c'est surtout elle qui parlait ! Elle parlait de Caroline et de Bastien, enfants de mon frère et de Nathalie qui s'étaient séparés eux aussi. Elle n'a fait aucune allusion à Lucie et Sylvain, à croire qu'elle ne se souvenait plus du drame. Peut-être s'imaginait-elle que me parler d'eux me ferait souffrir ? Comme elle se trompait...

Je rêvais au contraire qu'elle me raconte ses souvenirs. J'avais envie de hurler : « Parle-moi, raconte-moi Lucie, raconte-moi Sylvain ! J'ai besoin que tu m'en parles. Je veux que, avec nos mots, nos morts vivent encore un peu, au moins dans nos cœurs ! » Mais je n'ai rien dit et, d'eux, elle n'a pas parlé.

Moi, je mourais d'envie de parler d'eux. Cet isolement dans lequel je me trouvais, ce silence pesant, m'ont plongée dans le chaos : mes enfants avaient-ils existé ? Étais-je en train de devenir folle ?

Mon cœur, mon âme se trouvaient à l'étroit dans mon corps, à cause de l'excès de pression entretenu par l'absence de mots libérateurs. Je devais lutter pour ne pas franchir la ligne rouge de la folie. Je savais qu'en parler ne pouvait pas les faire revenir, mais seulement les faire vivre un instant ; et cet instant hypothétique était un rayon d'espoir dans le vide qui m'enténébrait.

14. Le synonyme de l'équilibre

Fin septembre 1990, j'étais toujours internée. Dieu merci, le temps était agréable, et le parc attenant à la propriété nous permettait de profiter de l'extérieur. Il était simple de sortir, à partir du moment où nous ne quittions pas le domaine. Je m'y suis souvent promenée. Des relations fortes liaient les patients entre eux. La détresse des uns et des autres nous touchait et nous rapprochait.

Je me souviens que, à cette période, j'attachais beaucoup d'attention à mon apparence. Je m'habillais avec des tenues colorées, j'accrochais à mes oreilles de longues boucles assorties. Les jours passaient. Nous apprenions à nous connaître entre pensionnaires. Les uns se dévoilaient, d'autres moins. Une jeune fille de dix-huit ans faisait partie des patientes.

— Je m'appelle Patricia, et toi ?

— Hélène.

— Pourquoi es-tu là ?

— Mes parents m'ont enfermée ici. Je ne veux plus les voir !

Hélène me regardait. Elle connaissait les raisons de ma présence dans la clinique. Après cet échange, nous avons passé des moments ensemble, pendant lesquels je lui parlais de Lucie et Sylvain.

— Comment fais-tu pour continuer ? m'a-t-elle demandé. Je ne comprends pas...

— Tu sais, à l'enterrement, j'ai promis que je continuerais à vivre. Je suis convaincue que, tant que je suis en vie, mes enfants sont encore présents.

Je passais de plus en plus de temps en compagnie d'Éric, avec qui je parlais longuement. Il m'écoutait beaucoup. Je lui confiais certains souvenirs, lui décrivant Lucie et Sylvain. Je lui disais avec insistance combien ils me manquaient.

Mon nouvel ami m'accompagnait dans de nombreuses activités auxquelles je participais. C'était pour lui un véritable sacrifice, car ce n'était pas du tout dans sa nature d'aller vers les autres et de s'accrocher à la vie. Il était plutôt du genre à fuir les lieux de vie sociale mais, partout où j'allais, il y était. Notre relation d'amitié l'a beaucoup aidé à se sentir mieux, au moins provisoirement. Je lui parlais de mes projets. Mon objectif principal était de quitter la clinique.

Fin septembre, quelques jours avant son départ, Éric m'a offert un présent : une petite peluche blanche et fuchsia.

— Je te présente Peaudouce, c'est ainsi que doit être ta peau.

Je lui ai promis de lui rendre visite dès que ma santé me le permettrait. Il refusait de me croire :

— Tout le monde dit ça...

— Je ne suis pas « tout le monde ». Éric, je sais que la vie sans mes enfants, je l'apprendrai hors de cette clinique.

— Je suis sûr que tu y arriveras.

— Je veux rentrer chez moi. Réduire la dose de médicaments. Reprendre une activité. Vite. J'ai besoin de retravailler. Ensuite, je ferai une demande d'appartement pour être chez moi. Je ne peux pas rester toujours chez mes parents. Et, je te le promets, je viendrai te voir. Tu me crois ?

— J'essayerai.

*

Chaque jour, je recevais un coup de fil, du courrier ou des présents d'un proche. J'étais bien entourée ! J'étais privilégiée : tant d'attentions m'arrivaient, alors que certains pensionnaires se sentaient abandonnés de tous ! Ces bonbons, ces chocolats, ces lettres, me réchauffaient le cœur. Chaque visite était un baume au cœur.

À moi qui avais perdu tous mes repères, une lettre de mon amie Christine a fait beaucoup de bien.

Voici un petit mot qui ne se donne comme ambition que de te réconforter. Il t'affirme, te confirme, t'assure ce que tu sais déjà, une grande, durable et profonde amitié. Oui, ton chagrin est immense. Non, personne ne peut se mettre à ta place. Tous les jours, je pense à toi. Je ne veux pas être conseillère, mais refais, construis, bâtis une vie toute nouvelle, entreprends, serre les dents, vis, réussis. Tu as de la chance de te lier facilement, profites-en. Tu es si vivace, entourée, aimée. Tant de gens t'aiment. D'un certain côté, tu ressembles aux enfants : tu es si naturelle, si expansive ! Durant ces cinq ans, j'ai toujours apprécié ta sincérité, ta franchise, ton amitié désintéressée, ton côté très positif et ta façon de voir la vie.

*

Je suis née un 1ᵉʳ octobre. Le *week-end* précédent mon anniversaire, j'ai été autorisée à revenir à Chartres. Arrivée chez mes parents, je suis montée du garage à l'étage. D'un rapide coup d'œil, j'ai fait le tour des pièces principales, observant chaque détail. Pus aucune photo n'était accrochée aux murs de la maison.

«Où sont mes enfants?», me suis-je demandé. Je savais que Maman avait accroché des portraits de chacun de ses petits-enfants sur les murs. Et là, plus rien. Plus personne. Je me suis mise à trembler sous l'effet de la panique qui m'envahissait, et j'ai gémi:

— Maman, les photos, où sont-elles?

— Je les ai retirées.

— J'ai besoin de voir mes enfants. Je ne me souviens plus de leur visage. Tu comprends ça?

Elle était désemparée. J'ai insisté:

— Je te supplie de les remettre!

À ce moment, j'éprouvais le besoin irrésistible de caresser du regard leur image, de toucher le papier avec tendresse.

Maman m'a exaucée; puis mes parents m'ont fait la surprise de fêter mes 31 ans en invitant quelques amis et la famille. C'était culotté: j'aurais pu refuser ce cadeau, mais je l'ai accepté. La vie prenait le dessus, conformément à mon tempérament naturellement optimiste. J'avais choisi la vie, cette vie qui continuait. Quelle belle preuve d'amour de part et d'autre! On m'a offert un médaillon et j'ai découpé une photo de Lucie et Sylvain, que j'ai collée à l'intérieur. De longs mois, ce bijou ne m'a pas quittée. Je pensais à l'époque que le porter, comme une amulette, c'était prouver qu'ils étaient toujours là. Très vite, j'ai compris que je me trompais: je n'avais pas besoin d'objet «magique» pour garder mes enfants dans mon cœur. Je m'alimentais du souvenir de leurs baisers, de leurs sourires, de leur amour. Il me fallait cette nourriture affective pour continuer à vivre.

Pour pouvoir quitter la clinique, j'ai dû démontrer ma détermination. Le 6 octobre 1990, j'ai pu enfin partir. J'y avais passé 4 semaines. Je savais que je n'y mettrais plus les pieds.

*

De retour à Chartres, j'ai mis tout en œuvre pour retrouver mon indépendance en cherchant un nouveau travail.

Je me devais également d'écrire à Roch Voisine, dont Lucie était une grande *fan*. Je lui ai envoyé une lettre. Pour moi, il s'agissait d'une priorité... Je lui ai raconté le drame, en lui parlant de Lucie et de Sylvain, comme s'il les connaissait, comme s'il était un ami de la famille. J'ai attendu longuement une réponse qui n'est jamais venue. Très déçue, je me suis demandé si cette lettre lui était parvenue.

Je vivais chez mes parents. J'avais besoin de reprendre des forces. Il était nécessaire que je sois entourée, dans un premier temps. J'étais sous antidépresseurs, anxiolytiques, et somnifères le soir. Très vite, j'ai été sevrée des tranquillisants. Je continuais à pratiquer quelques activités physiques, le *jogging* entre autres. Un jour, je suis partie courir et j'ai croisé mon beau-frère Frédéric, qui était employé à la commune de Morancez. Je me suis arrêtée et j'ai échangé quelques minutes avec lui. Je lui ai expliqué :

— J'ai besoin de sortir de la maison. Ça me fait du bien de faire du sport, ça me vide la tête. Maman et papa ont toujours peur pour moi. Je n'en peux plus. Je me sens en prison. Je veux reprendre rapidement le travail pour m'installer chez moi dans la foulée.

— Tu vas y arriver..., m'a-t-il répondu sans grande conviction.

Moi, je croyais en moi. Je savais que j'allais réussir. Et puis, j'avais promis de rendre visite à Éric ! Je me rappelais les moments que nous passions ensemble. Une petite lumière s'était mise à briller. Je devais prouver à mes parents que je reprenais ma vie en main. Travailler était un début.

*

De retour à la maison, j'ai vu Papa et Maman, affolés, inquiets de mon retard, qui s'apprêtaient à partir à ma recherche. Après leur avoir expliqué la situation, je leur ai demandé de cesser de s'inquiéter, et j'ai mis les points sur les I.

— Je n'ai jamais songé à me suicider : si j'avais voulu en finir, cela fait longtemps que je serais passée à l'acte depuis longtemps !

J'ai pris contact avec mon chef de service de la centrale de Paluel pour lui faire part de mes projets. J'étais en arrêt de travail. Il est venu me rendre visite chez mes parents. Nous l'avons accueilli dans la salle à manger, autour d'une tasse de café :

— Monsieur, je ne veux plus vivre en Normandie. Je veux revenir m'installer à Chartres où il y a un Groupement régional de production thermique d'EDF.

— Prenez le temps de vous rétablir, il n'y a pas d'urgence !

— Oh, si ! Je ne veux pas rester sans travailler plus longtemps...

— Bien... Si vous le souhaitez, vous pouvez suivre une formation en interne. À Paris, il y a de nombreuses possibilités.

Je me suis imaginée quitter mes parents, ma famille, pour me retrouver dans un univers inconnu. L'angoisse me nouait la gorge. C'était impensable de m'éloigner de mes proches !

— Non, je souhaite rester à Chartres. Je veux me donner une chance d'avoir d'autres enfants et de m'en occuper. Avec un travail trop prenant, je passerais à côté.

— Je vois... Alors, prenez soin de vous et nous vous tiendrons au courant de l'avancement de votre dossier.

Ma mutation a été acceptée sans difficulté. Très vite, j'ai reçu confirmation de mon nouvel emploi à Chartres.

Heureusement, car mes parents m'oppressaient. En voyant que je reprenais le travail, synonyme pour eux d'équilibre, ils allaient accepter l'idée que je pouvais m'en sortir.

J'allais, enfin, revivre.

15. Le vide

Avant d'entreprendre quoi que ce soit, je devais rencontrer mon médecin pour évaluer mon état de santé et éventuellement prolonger mon traitement. J'ai choisi notre médecin de famille, celui qui me connaissait depuis l'enfance. Il est allé droit au but :

— Où en es-tu avec tes médicaments ?

Je lui ai tendu la dernière ordonnance avec le traitement prescrit, et j'ai commenté :

— Je prends toujours un antidépresseur et le somnifère. En revanche, j'ai arrêté l'anxiolytique, et je ressens des douleurs intenses au ventre et à la tête. Je pense que c'est psychosomatique.

— D'accord, je vais te prescrire un nouveau traitement, et ce serait utile que tu ailles consulter un psychiatre. Je peux t'en proposer certains qui pourraient te convenir.

— Oui, je crois que ça me soulagerait... Parfois, je me sens oppressée et tellement malheureuse. Je ne comprends pas ce qui a pu se passer. Il faut que je vous dise aussi que je vais reprendre le travail. Je pense obtenir ma mutation rapidement.

Le médecin a tiqué. J'ai insisté :

— Il faut vraiment que je travaille.

— Quand tu auras une date, je te proposerai une reprise à mi-temps.

— Non, je veux reprendre à temps plein, et le plus tôt possible !

J'ai mis en avant qu'il était essentiel que j'aie l'esprit occupé au moins pendant huit heures. Le docteur semblait le comprendre. J'avais pourtant peur de côtoyer de nouveaux collègues, peur du regard des autres, des jugements. J'imaginais ce que certains pouvaient penser : « Si elle n'avait pas quitté son mari, ses enfants seraient encore en vie. »

Nous sommes arrivés à nous mettre d'accord pour que je reprenne le 3 décembre 1990. D'ici là, je devais rencontrer un psychiatre. Cela me stressait, mais j'ai quitté le médecin le cœur plus léger : j'allais bientôt retravailler !

*

Je recevais fréquemment la visite de mes frères et de ma sœur, accompagnés de leurs enfants, et c'était toujours avec plaisir. Néanmoins, très vite, je m'ennuyais : impossible de regarder un film ou de lire un livre tant j'avais du mal à me concentrer. Telle une enfant, il me fallait changer d'activité très souvent, voir des personnes différentes. Dès que mon esprit n'était plus occupé, la réalité m'envahissait. Parfois, je paniquais. J'avais beaucoup de mal à trouver un intérêt quelconque à quoi que ce soit. J'étais une vagabonde de l'esprit. En m'endormant le soir, je me disais qu'il serait doux de ne pas me réveiller...

Le temps passait. Chaque matin, dès le réveil, je reprenais conscience de la réalité. Les médicaments ou le traitement me faisaient sortir du déni dans lequel je m'étais plongée inconsciemment. Mes souvenirs – douloureux, forcément douloureux – revenaient inlassablement, et je devais les chasser de mes pensées. Chaque jour passé était une victoire remportée sur le désespoir et m'éloignait du drame. Si j'avais réussi à vivre un jour de plus sans mes enfants, je pouvais continuer encore un peu. Mais cette idée me culpabilisait : comment osais-je ne pas avoir envie de mourir ?

*

Afin d'organiser les déménagements, mes parents et moi nous sommes rendus chez des amis en Normandie. Il me fallait régler quelques affaires. J'ai demandé à mon père d'aller récupérer toutes les photos des enfants. De retour de la maison de Jacky, Papa m'a annoncé la terrible nouvelle :

— Patricia, il n'y a plus d'albums, plus de photo, plus rien !

— Ils étaient dans le meuble de la salle à manger. Il y en a plusieurs, c'est moi qui me suis occupée de les faire.

— Il n'y a plus d'albums. Ils ont été détruits...

J'ai alors réalisé que mon mari avait tout prévu, jusqu'à me voler les moments immortalisés par ces photos. Il savait que les éboueurs passaient le mercredi matin : il a dû s'occuper de détruire les photos avant de les mettre dans un sac poubelle, très tôt ce jour-là.

Quelle souffrance... C'était comme si Lucie et Sylvain mouraient une seconde fois. Je ne comprenais pas : étais-je si mauvaise pour mériter un tel châtiment ? Pourquoi, en plus de prendre la vie de Lucie et Sylvain, souhaitait-il me voler jusqu'aux images qu'il me restait d'eux ? Cette question demeure encore sans réponse. C'était d'une telle violence, que je criais et pleurais toutes les larmes de mon corps. J'essayais de visualiser leur visage, sans y parvenir.

Plus tard, j'ai récupéré des livres que j'avais laissés. Parmi eux, il y avait une encyclopédie de psychologie – j'ai toujours été passionnée par cet art. Quand j'ai enfin osé ouvrir les tomes, j'ai vu que Jacky avait entouré un paragraphe en inscrivant à côté « PATRICIA ». C'était l'histoire d'un homme qui tuait ses enfants. Sans hésiter, j'ai jeté ces volumes auxquels, pourtant, je tenais tant.

*

Dès que j'ai recouvré mes esprits, j'ai appelé des amis, la famille, les institutrices de Lucie et Sylvain et leur ai demandé avec insistance de rechercher des photos de mes enfants. Ils ont tous réagi rapidement, et si, aujourd'hui, j'ai pu recréer un album de souvenirs, c'est grâce à eux. Il ne reste qu'une photo où nous sommes réunis tous les trois. J'y tiens énormément, mais les plus belles images restent les souvenirs gravés dans mon cœur, dans ma mémoire. Ceux-là, personne ne pourra jamais les effacer ni les détruire.

La seule photo de nous trois – 22 mai 1990

Mon père m'a accompagnée à plusieurs reprises chez le notaire pour régler la succession. Ces détails administratifs me paraissaient déplacés. Rien n'était important à mes yeux : ni l'argent, ni la loi, ni les impôts. J'ai vite compris que ce n'est pas en possédant ce qui me donnait envie que je reprendrais goût à la vie. J'avais tenté l'expérience en effectuant quelques achats ; or, très vite, je me suis retrouvé avec le même manque, la même insatisfaction, le même désarroi.

Le vide.

16. Le petit feu

En novembre, je devais apporter au notaire un document qui manquait au dossier. Le clerc m'a reçue et m'a dirigée vers un bureau. Nous avons échangé des banalités. J'ai sorti le papier en question pendant que le clerc recherchait le dossier. Après l'avoir posé sur la table, il l'a ouvert.

Le premier document contenu dans la chemise était un article de journal relatant le drame. J'ai lu chaque phrase, et chaque mot me glaçait. Cette lecture a été pour moi d'une grande violence, surtout quand j'ai lu que mes enfants avaient été tués avec une carabine. Jamais personne ne m'avait expliqué clairement les circonstances de leur mort. Jamais je n'avais interrogé quiconque là-dessus. Dans le bureau, je marchais de long en large, sans me soucier du malheureux clerc, totalement déconcerté... J'étais en colère contre tout le monde, persuadée que l'on m'avait caché la vérité. Je me suis sentie trahie.

La douleur serrait mon thorax comme un étau. Je souffrais et, comme à chaque fois, je ne pouvais pas pleurer. J'étais sous le choc. J'ai quitté l'office notarial désorientée.

J'ai rejoint Sylvie et je l'ai houspillée en lui demandant pourquoi personne ne m'avait dit la vérité. Moi qui m'étais persuadée que mes enfants avaient été drogués et étaient morts dans leur sommeil, je devais admettre une réalité beaucoup plus violente.

En réalité, mon cerveau avait négligé les détails de la mort des enfants. La séparation d'avec Lucie et Sylvain était d'une telle intensité, que mon esprit avait refoulé ce que je n'étais pas capable d'assimiler. Le questionnement du gendarme aurait pu me mettre la puce à l'oreille... raté !

Je souhaitais régler le maximum de formalités avant de reprendre le travail. Les meubles des deux maisons avaient été déménagés chez mes parents. J'ai vendu toutes mes affaires, car je souhaitais recréer un autre univers complètement opposé à celui dans lequel je vivais en Normandie. Rien n'aurait été possible autrement. Je voulais des meubles roses, un canapé fleuri, et vivre dans un espace lumineux.

Cela a été bien plus douloureux quand il a fallu faire le tri des jouets et des vêtements des enfants. Je tentais de retrouver leur odeur. Comment me séparer de biens aussi chers ? Ces objets personnels me ramenaient à tant de souvenirs – à Lucie et à Sylvain. Me dire qu'ils les avaient tenus dans leurs mains me plongeait dans un mélange de douce nostalgie et de pensées douloureuses. Il m'a fallu plusieurs semaines pour finaliser le tri. L'ensemble de ce que je désirais conserver tenait dans une valise : des dessins, les photos récupérées, les cahiers scolaires, quelques petits mots griffonnés sur un papier, une robe, leurs verres avec leurs prénoms inscrits... C'était pour moi la valise la plus précieuse au monde !

*

Pour clôturer la succession, j'ai dû rendre visite aux parents de Jacky. Sylvie m'accompagnait. J'avais pris en charge les frais liés à la cérémonie, et la famille m'avait laissé l'ensemble des biens. Néanmoins, il me manquait quelques documents. La discussion a commencé doucement, puis a pris une tournure différente.

La mère de Jacky était toujours animée d'une grande colère. Elle faisait peine à voir, d'autant que je ne pouvais pas l'aider. Au fil de la conversation, elle a lâché :

— Vous ne le savez peut-être pas, mais mon fils avait fait une tentative de suicide, quand il était adolescent. À l'école, il ne supportait pas, quand il ne réussissait pas, que l'on se moque de lui. Donc, une fois, il a essayé de se pendre.

J'ai regardé ma belle-mère, ébaubie. Décidément, je ne connaissais pas l'homme avec qui j'avais vécu...

*

Le 3 décembre approchait, date de la reprise du travail. J'appréhendais ce moment. J'avais peur de croiser des regards malveillants, peur de travailler avec des personnes malintentionnées, loin de mon cocon familial. Mes craintes étaient un réel handicap. J'ai été affectée dans un service comptable et, par chance, j'ai intégré une équipe de huit personnes formidables qui ont su se rendre disponibles pour moi. La plupart étaient des femmes et sont vite devenues des amies. Après que j'ai raconté le drame, j'ai mis les choses au point :

— Il faut que je vous parle. Cela fait deux jours que je suis arrivée parmi vous et il y a quelque chose qui ne tourne pas rond.

— Explique-nous ce qui ne va pas.

— J'ai observé le bureau. Je ne vois aucune photo d'enfant. Ce n'est pas normal. Je sais que vous avez des enfants et je me doute que vous avez pris la décision de retirer leurs photos. Aujourd'hui, je vous demande de les ressortir.

— Tu as raison, on s'était concertées, et...

— L'attention est gentille, mais je veux connaître vos enfants. Soyez vous-mêmes et ne changez rien pour moi !

Suite à cette discussion, une belle relation s'est tissée. Aller travailler était vital. C'est pourquoi je me suis investie au mieux afin d'être opérationnelle au plus vite. Durant huit heures, ayant l'esprit occupé, je pensais moins à Lucie et Sylvain. Je travaillais pour EDF. Je tenais les comptes de la centrale nucléaire de Nogent-sur-Seine. Je n'étais plus au cœur de la production. C'était un peu différent de mon précédent poste, mais je travaillais en lien avec cet univers que je connaissais bien.

Je me suis trouvée près de Nicole et de Maryse. Le midi, je déjeunais avec les membres de mon équipe. Je ne connaissais pas encore grand monde, mais je me confiais beaucoup à Nicole. Nous étions proches : je lui parlais de mes enfants, de leur absence, de nos promenades, de leurs sourires, de mes joies, de mes peines, de mes doutes... Tant je craignais les regards des autres, j'évitais de me rendre aux toilettes et je ne faisais pas l'effort d'aller dans les bureaux voisins. En moi, un sentiment de culpabilité s'installait, doucement, vicieusement.

Pour essayer de me raisonner, je me disais souvent : « Mais non Patricia, tu ne pouvais pas soupçonner et éviter ce que Jacky a fait! C'était le père de Lucie et Sylvain. Un père ne peut pas se comporter ainsi!» En même temps, une petite voix intérieure me titillait et me tenait ces propos: «Patricia, tu ressentais un tel malaise, et tu n'as rien fait! Si tu n'avais pas quitté Jacky, ils seraient peut-être encore en vie. Si tu étais partie les chercher la veille, tu aurais pu les sauver ou, au moins, mourir avec eux. »

Ce combat entre la raison et la culpabilité me consumait à petit feu. Mais j'avais décidé de vivre; je m'y tenais. Désormais, je m'attachais à chercher la paix. Rêver à cette sérénité future me réconfortait.

17. La surprise

J'avais atteint mon premier objectif: j'avais de nouveau un emploi! Il me fallait à présent en atteindre un second: me donner les moyens d'aller rendre visite à un vieil ami... Deux semaines après avoir repris, j'ai décidé d'aller passer un *week-end* à Angers

Le samedi, je suis partie en fin de journée pour passer la soirée avec Éric. Nous avions rendez-vous à la gare. Curieusement, j'ai eu l'impression qu'il fuyait mon regard. Il m'a présenté son jeune frère Denis, un grand homme. Comme ils se ressemblaient! Nous sommes allés dîner ensemble. Au terme de nos libations, la soirée étant bien avancée, j'ai dormi chez ses parents. Éric semblait heureux de ma visite. Il m'a répété plusieurs fois qu'il n'y croyait pas.

Je suis rentrée le dimanche à Chartres. Mes parents étaient en désaccord avec moi: pour eux, Éric n'était pas l'homme qu'il me fallait. Ma mère se souvenait de l'avoir croisé à la clinique et, visiblement, elle ne le ne portait pas dans son cœur.

— Ça va? m'a-t-elle demandé à mon retour.

J'ai opiné. Aussitôt, elle a sifflé:

— Je pense qu'il ne faut pas que tu oublies que tu es en deuil.

— Maman, je ne suis pas en deuil d'un mari. Je pleure mes enfants.

— Que vont dire les gens ?

— Je me fous complètement des autres.

— Tu ne vas quand même pas t'amouracher de ce cinglé ?

— Personne d'autre que moi ne sait ce dont j'ai besoin, et personne ne m'empêchera de faire ce que je veux. Vous n'êtes pas à ma place, et imaginer ce que je vis est impossible !

Je savais que mes parents étaient très contrariés, inquiets pour moi et surtout soucieux du qu'en-dira-t-on. D'autant que mon attitude était parfois bizarre. Je ne restais pas en place. Pourtant, mes envies étaient simples : rencontrer ma famille, des amis, et dans ce cas précis, voir Éric. Il me semblait être le seul capable de combler ce vide en moi.

Le lundi suivant, je suis repartie au bureau. Je devais occuper mon esprit une journée de plus. Chaque jour vécu, chaque semaine écoulée, m'éloignait du drame. Je m'interrogeais : « Tout ce temps passé sans eux ! Comment est-ce possible ? »

Thierry, puis Rico, m'ont annoncé qu'ils allaient être à nouveau papas. Je n'ai rien laissé paraître, mais la nouvelle me touchait profondément. Pendant que je souffrais l'enfer, j'acceptais que la vie continue sous toutes ses formes, entre autres sous celle d'une naissance.

Noël 1990 est arrivé. C'était le premier sans Lucie et Sylvain... Une après-midi, je suis allée passer un moment chez Sylvie. Elle s'apprêtait à faire le sapin avec ses enfants. Julien, mon neveu de cinq ans, m'a dit :

— Tu ne vas pas faire de sapin de Noël, Tata : tu n'as plus d'enfants !

À sa manière, d'une façon détournée, il m'a fait comprendre qu'il avait remarqué l'absence de Lucie et Sylvain. Il savait...

Ma nièce Vincente, âgée de 4 ans, était pour quelques jours chez mes parents. Nous avons passé du temps ensemble. Elle dessinait en me parlant entre autres de la venue imminente du Père Noël :

— Peut-être que Lucie et Sylvain vont revenir en même temps que le Père Noël ?

À cet instant, j'ai été troublée par les propos enfantins de Vincente. Je me suis réveillée de ma pensée magique. Jusqu'ici, je n'étais pas dans le réel ; j'avais cru que « si j'étais gentille », j'allais les revoir... Et là, j'ai compris. La réalité était cruelle : non, Lucie et Sylvain ne reviendront jamais. Non, je ne pourrai plus les embrasser.

Vincente m'a également dit à sa manière qu'elle avait remarqué leur absence. Les enfants ont plus de facilité à parler : ils ne sont ni dans la peur, ni dans le calcul. Ils sont plus spontanés, moins dans l'analyse que les adultes.

*

J'ai passé Noël avec mes parents, chez Thierry, Claire et leurs trois enfants, Simon, Vincente et Aubrée. J'étais présente physiquement, mais je n'ai gardé aucun souvenir de la soirée. Je me remémorais la Noël 1989 où nous étions tous ensemble. Une photo immortalisait ce moment de fête : Lucie portait une tenue rouge et noire que j'avais tricotée pour elle, Sylvain était habillé d'un costume dépareillé. Mon père aimait chanter, et Sylvain avait le même goût pour prendre la note. Ce Noël, un chapeau sur la tête, il avait interprété quelques chansons de son répertoire scolaire. Je souriais à ce souvenir. J'étais émue.

Après cette fête de Noël, je suis partie avec plaisir pour Montpellier chez ma cousine Jacqueline. J'avais besoin de changer d'air, de quitter cette atmosphère lourde où tout me ramenait à l'absence physique de mes enfants et à la douleur inhumaine qui m'habitait. Jacqueline et son mari sont des gens merveilleux de générosité. Je n'oublierai jamais cette escapade bienveillante. Ma cousine m'avait fait la surprise de réserver dans un restaurant au bord de la mer pour le réveillon du Nouvel An. Il faisait bon... J'ai eu de la chance d'avoir été si bien entourée.

Au retour, je suis allée retrouver Éric à Angers. Nous étions contents de nous revoir, même s'il ne savait pas l'exprimer. Il m'a offert une statue : c'était une femme brune, légèrement dénudée. De mon côté, je lui ai acheté des vêtements de sport.

Mon ami avait observé mon environnement, avait compris ma détermination, admirait ma volonté et mon courage. Lui seul savait que je me sortirais de cet enfer. Sans lui et, paradoxalement, sans sa fragilité, je n'aurais pas eu le courage et la force d'entreprendre... Grâce à ma rencontre avec lui, je reprenais goût à la vie.

En rentrant à Chartres, j'ai retrouvé mes collègues et mon travail. Mes journées s'articulaient autour de mon activité professionnelle. J'ai pris mes marques en douceur. La confiance s'est installée. Aujourd'hui, j'en suis convaincue : travailler a été un facteur essentiel de ma guérison.

*

J'ai pris rendez-vous avec un psychiatre que mon médecin m'avait recommandé. Dans un premier temps, les séances étaient rapprochées. Je parlais, je retraçais ma vie... J'ai très vite compris qu'il n'avait pas les réponses à mes questions. La seule personne capable de m'aider, c'était moi.

Quand j'avais évoqué ma prochaine visite chez le spécialiste, mon père m'avait dit :

— Les psys, c'est pour les fous !

Cependant, je n'étais pas folle. Une grande douleur lancinante m'oppressait, me minait me détruisait à petit feu, et je ne pouvais pas rester ainsi.

Lors de ma première séance, le spécialiste m'a demandé ce qui m'amenait. J'ai hésité : les mots qui me venaient en tête allaient encore écorcher mon cœur, mon âme. Il le fallait pourtant. J'avais besoin d'en parler. Alors, j'ai dit :

— Mes deux enfants sont morts... C'est leur père qui les a tués.

Pas de réponse. Chez le praticien, j'ai ressenti un détachement proche du manque d'empathie. Nos rendez-vous étaient ponctués de « Racontez-moi, parlez-moi de vous... », entrecoupés de bâillements. Je parlais beaucoup, mes monologues partaient dans tous les sens, mais, en fin de séance, j'avais très souvent le sentiment d'être plus légère. Les consultations hebdomadaires se sont espacées et j'ai fini par ne plus me rendre chez ce médecin.

Début janvier, j'ai fait une demande d'appartement, et mon dossier a été accepté.

Dès ma première visite, je m'y suis sentie bien. Il y avait un hall qui desservait la cuisine à gauche et une grande salle à manger à droite. Les murs étaient peints en blanc avec, au sol, une moquette gris souris. La pièce principale était lumineuse, agréable à vivre.

La chambre se situait au fond du couloir, jouxtant la salle de bain. J'avais fait l'acquisition de meubles roses et d'un canapé fleuri. Ils s'harmonisaient très bien dans cet univers que je souhaitais joyeux, apaisant et lumineux. J'ai emménagé en février 1991 dans ce logement au cœur du centre-ville.

J'ai suspendu une photo de Lucie et Sylvain au mur, mais elle me provoquait de réelles souffrances, me rappelant en permanence la violence du drame et de l'absence. J'ai alors décidé de la décrocher. Ainsi, je me protégeais et je protégeais aussi les personnes qui me rendaient visite. Je souhaitais éviter les questions de ceux qui ne savaient pas, du genre : « Ah ce sont vos enfants ? Ils sont chez leur père ? »

La séparation d'avec mes parents a été douloureuse : ils étaient très inquiets de ce que je pouvais faire et de ce qu'il pouvait m'arriver. J'ai continué à dîner avec eux le soir, afin de les rassurer, mais je suis restée ferme pour le reste et j'ai insisté pour passer les nuits chez moi... même s'il m'a fallu beaucoup de courage pour me retrouver seule face à moi, mes souvenirs, mes absences et mes peurs.

18. La culpabilité de pacotille

Le *week-end*, je partais assez souvent voir Éric à Angers. Il n'avait pas le permis et vivait chez ses parents. Son oncle Roland, l'ayant pris en affection, s'est occupé de lui trouver un emploi dans une usine, puis de lui dénicher un appartement. C'était un homme généreux et plein d'humanité. Il connaissait l'histoire de ma vie et semblait ému. Un jour il m'a donné un texte intitulé *Prière d'Amérique latine*. Je n'ai pas été immédiatement touchée par cette lecture, car j'avais l'esprit encombré. Le feuillet est resté quelque temps dans une commode. Quelques années après, je l'ai retrouvé, et les mots m'ont parlé.

J'ai rencontré les parents d'Éric. Sa mère avait du mal à vivre. Son père ne disait rien. Il laissait faire. Leur fils souffrait de dépression. Il se sentait incompris, mal-aimé, avec un profond sentiment d'insécurité dans son cadre de vie. Éric était un torturé, introverti, avec des accès de violence. J'ai assisté à maintes reprises à des scènes dérangeantes. Un soir, par exemple, agacé, il a jeté un bol de café contre le mur. J'ai eu peur de son comportement. Je ne savais pas si j'allais revenir. J'ai refusé de donner trop d'importance à cet incident, même si cela m'a marquée.

Dans un premier temps, il refusait de venir chez moi. Quant à moi, au contraire, fuir quelques heures Chartres, mes souvenirs et mes peines, me permettait de prendre du recul.

La mère d'Éric ne comprenait pas mon attitude et mes comportements :

— Comment faites-vous, Patricia, pour avoir autant d'énergie alors que vos enfants sont morts ?

— Je ne me laisse pas le choix. Qu'est-ce que cela changerait, si j'allais encore plus mal ? Je m'occupe, je travaille, je fais du sport… parce qu'il le faut.

— Vous êtes incroyable ! Moi, mon père est mort. Depuis, ma mère et mon frère, j'ai du mal avec eux.

Elle partait dans des monologues interminables. Il me semblait qu'elle me lançait des regards de désapprobation, par moments. Je n'aimais pas la façon dont elle me parlait de son fils que je fréquentais. Elle le critiquait, était toujours en train de le dévaloriser et évoquait en permanence sa tentative de suicide.

Il y a vingt-cinq ans, personne n'aurait pris le risque de vivre une histoire avec moi. Pour la plupart des hommes, j'étais sans avenir. J'ai souvent pensé qu'Éric était suffisamment « fou » pour croire en moi et m'aimer. Aujourd'hui, je sais qu'il ne s'agissait pas de folie : Éric n'était pas fou. En revanche, il m'a follement aimée. Je l'ai rêvé, désiré, avec autant de détermination que ma détresse était grande. Je lui écrivais, et il me répondait par de longues lettres émouvantes qui me parlaient de son désir de me revoir. Je lui racontais mes journées et je lui affirmais mon projet prochain de lui rendre visite. Éric habitait mes pensées quotidiennes.

Et le mois de mars 1991 est arrivé. Le 22, c'était l'anniversaire de Lucie, le premier sans elle : pour moi, elle aura toujours 7 ans. Au souvenir de ce moment de bonheur, mon regard se brouillait de larmes. J'étais révoltée par tant d'injustice.

Mon corps était en vie, le sang circulait dans mes artères, je respirais, je m'alimentais. Pourtant, je savais que quelque chose s'était brisé. Je sentais que mon cœur n'était qu'à moitié vivant.

J'accompagnais régulièrement mes parents au cimetière. Je me contentais de les accompagner, car me rendre sur la tombe de mes enfants était pour moi une souffrance indescriptible. Me retrouver face à un marbre froid pour penser et parler à Lucie et Sylvain ne me convenait pas. Je m'y rendais pour faire plaisir à mes parents, non par besoin, encore moins par envie. Chaque jour, je pensais à mes enfants. Je leur parlais de l'amour que je leur portais. J'avais déjà à gérer leur absence. C'était ça, l'urgence. Dès lors, plus le temps passait, moins je me rendais au cimetière.

Mes parents me le reprochaient souvent :

— La semaine dernière, nous sommes allés au cimetière : la tombe des enfants est sale !

— C'est possible... Je n'y vais pas, c'est vrai !

— En plus, elle n'est pas fleurie. On a mis des pensées cette semaine.

— Merci.

Une raison de plus de culpabiliser ! Les paroles de mes parents étaient le reflet de leur éducation : « faire » par devoir.

Le mois de mai est arrivé avec le printemps, le soleil, la fête et l'anniversaire de Sylvain. Même scénario qu'en mars : j'étais anéantie. Je me disais : « Il ne grandira plus, il ne fera plus son pitre, ni son sourire de petit canaillou ! Il ne viendra plus se blottir contre moi, lui qui était si câlin... »

Je me suis souvenue du 22 mai 1990, avec cette photo qui l'immortalisait : Sylvain était avec sa sœur. Il riait. Mon regard se posait sur le sien, puis sur celui de Lucie. J'entendais Sylvain rire et Lucie me dire : « Coucou Maman ! » Le souvenir de ce moment m'apaisait. Ils étaient en vie dans mon cœur en cet instant précis.

Chez EDF, pour la fête des mères, le Comité d'entreprise organisait un petit moment privilégié pour les mamans. J'ai été conviée à cette fête, mais j'ai refusé de m'y rendre. Je n'étais plus une mère, et je me suis punie. L'idée de partager une fête des mères avec d'autres était d'une telle violence qu'il m'était impossible d'y assister. Je savais que mes amies étaient embarrassées à la fois de m'inviter à ce goûter et de ne pas le faire. C'était délicat, bien sûr, et on m'a laissé le choix. C'était à moi de décider.

Après le goûter, les collègues, pour me montrer qu'elles avaient pensé à moi, m'ont remis un présent :

— On a ce petit cadeau pour toi. C'est la fête des mères !

— Oh, une lampe de chevet ! C'est gentil !

J'étais réellement touchée par cette délicate attention.

*

Ce mois-ci, Éric s'est retrouvé sans emploi. Il n'était toujours pas venu me rendre visite à Chartres. Cela me mettait en colère, mais je savais qu'il avait peur. Peur de ne pas être à la hauteur. Peur de s'éloigner d'Angers, la ville où vivaient sa famille et ses amis. Peur de quitter son appartement où il avait ses repères... J'ai dû le provoquer pour le pousser à agir, enfin.

Un samedi du mois de juin, vers 23 heures, alors que j'étais chez lui, je lui ai lancé :

— On part à Chartres. Maintenant !

— N'importe quoi... Je n'ai rien de prêt.

— Qu'à cela ne tienne ! Emporte ce que tu souhaites prendre avec toi ; et on y va.

C'est ainsi que nous sommes arrivés en pleine nuit à Chartres. Une autre période de ma vie commençait.

Au départ, tout était simple entre nous. Éric souhaitait se sortir de sa nostalgie et de sa léthargie. Il avait arrêté son traitement antidépresseur. Quelques réglages restaient à faire : non fumeuse, j'attachais une énorme importance au respect de l'appartement. J'insistais pour que mon compagnon aille fumer sur le balcon. Autre réajustement : le travail ! Je stimulais Éric afin qu'il recherche un emploi. Une activité professionnelle est essentielle, surtout pour une personne fragile comme lui. Il avait un CAP de cuisinier et, très vite, il a trouvé un emploi de saisonnier dans un restaurant de Chartres, face à la cathédrale.

Un soir, le téléphone a sonné. C'était Pascale, une amie de Normandie. Elle était désemparée :

— Patricia, je ne vais pas bien. Pas bien du tout... Je déprime... Je n'arrive pas à me remettre du drame... Je voulais te dire que je suis sortie avec Jacky... On a eu une histoire pendant votre séparation ! Il faut que tu saches que les enfants n'étaient pas malheureux avec lui...

— Comment ça, les enfants n'étaient pas malheureux ? Ils sont morts ! Il les a tués ! Tu entends ?

— Oh, Patricia, je suis sous antidépresseurs et somnifères...

Je ne comprenais pas. Elle se plaignait de la situation auprès de moi !

— Alors, soigne-toi, Pascale.

J'ai raccroché et je me suis assise, abasourdie, sans voix : qu'elle ait eu une histoire avec lui, cela ne me dérangeait pas. N'empêche, que voulait-elle me dire ? Impossible de comprendre le sens de son appel et de ses paroles... Maladresse ? Sûrement. Culpabilité feinte ? Peut-être. Mais quel besoin avait-elle de me parler de l'état de Jacky au moment du drame ? Que lui avait-il dit sur les enfants et sur moi ? De quoi se sentait-elle coupable ? Jacky lui avait-il confié ses sombres projets ? Cet appel m'a laissé un goût amer...

19. L'autre sens de la vie

Éric aimait le Canada : il en parlait souvent et souhaitait y passer des vacances. Ensemble, nous avons décidé d'y aller en septembre 1991.

L'idée était de louer un *camping*-car et de visiter le Québec. Je me suis mise en quatre pour organiser ces vacances. Il n'avait pas d'argent et n'était pas du genre à aller démarcher des agences de voyage pour préparer quoi que ce soit !

Ainsi, la vie continuait. L'été avançait. Je comprenais que mes parents et ma famille ne voyaient pas la situation d'un bon œil, sans cependant m'empêcher de mener ma vie à ma guise.

Jacqueline, ma cousine de Montpellier, fêtait ses 40 ans en août. Elle m'a invitée avec mes parents. À ma demande, nous y sommes allés avec ma nièce Vincente, car j'avais besoin d'être entourée d'enfants. J'ai passé quelques jours dans un petit havre de paix. Pourtant, durant la soirée d'anniversaire, je ne me suis pas sentie à ma place. C'était la première fois que j'éprouvais un tel malaise : il m'était impossible de lâcher prise et de goûter à la fête. Comme si je ne me laissais pas le droit de m'amuser, d'être heureuse, d'être en vie, moi qui avais choisi de vivre avec mon fardeau. J'étais partagée entre le rire et les pleurs, la vie et la mort. Ne pas savoir où est sa place est terrifiant !

Le 5 septembre est arrivé. Un an plus tôt, mes enfants étaient morts, et je vivais l'inimaginable : être sans eux. Toutes sortes d'émotions m'assaillaient : le dégoût, la rage, la tristesse, le désespoir...

Depuis, chaque mois de septembre, un sentiment de mélancolie m'envahit. Je ne le maîtrise pas et, même si je le veux, je ne le peux pas. Néanmoins, chaque année qui passe, je contrôle mieux mes émotions. Je sais aujourd'hui que, avec le temps, la douleur est moindre. Leur absence physique me manque, mais je les sens si vivants dans mon cœur...

Quelques jours après ce sinistre anniversaire, nous sommes partis pour le Canada. Éric était ravi. Il prenait l'avion pour la première fois. Moi, j'étais émerveillée d'être littéralement « dans le ciel ». Lui, un peu moins ! Malgré mon enthousiasme, j'appréhendais le voyage et le fait de me retrouver seule dans une terre étrangère. Heureusement, nous avons passé un beau moment enrichissant. La découverte de ce pays grandiose, de son peuple, si lié à la France, m'a beaucoup touchée.

Nous avons atterri à Montréal, où nous avons passé quelques jours. Pendant trois semaines, nous avons parcouru la Gaspésie en *camping*-car : 3500 kilomètres de traversées de forêts, en s'arrêtant au bord des lacs, en passant par Chicoutimi, Gaspé, Tadoussac, Trois-Rivières, Percé et toutes ces villes au bord du Saint-Laurent. Un voyage inoubliable !

Durant notre périple, la naissance de la fille de Thierry était attendue. Je connaissais la date prévue, à compter de laquelle je téléphonais très souvent à mon frère pour avoir confirmation. Avec le décalage horaire, je l'ai réveillé plus d'une fois, jusqu'au 18 septembre 1991, quand ma nièce Marielle est née. J'étais sincèrement heureuse de cette première naissance après la mort de mes enfants.

*

De retour à Chartres, j'ai repris le travail, ravie de retrouver mes collègues. Éric, qui avait terminé ses missions d'intérim, cherchait à nouveau un emploi et n'en trouvait pas. Il a commencé à prendre de mauvaises habitudes, à se décaler dans les horaires. Il parlait de passer son permis de conduire et je l'ai soutenu dans son idée, persuadée que c'était la porte vers une nouvelle vie pour lui.

— Après ça, tu sais, je connais du monde sur Chartres. Je peux t'aider à trouver un emploi, même pour quelques mois.

— Non, je me débrouillerai tout seul.

Il s'agaçait de plus en plus, et je le supportais de moins en moins. Je ne comprenais pas les raisons de son mal-être, et j'avais du mal à accepter sa passivité, moi qui étais si active. Vivre à ses côtés n'était pas chose simple. Très vite, notre relation s'est envenimée. En octobre, nous nous sommes séparés. Éric est reparti pour Angers. Quelques semaines plus tard, nous avons repris contact et avons recommencé à vivre ensemble. Comme nous étions heureux de nous retrouver !

Puis s'est installé l'automne. Je n'aime pas cette saison. Les journées sont courtes, il fait froid, la nature se transforme. J'étais triste. Éric vivait avec moi, mais, à l'approche d'un Noël de plus sans Lucie et Sylvain, je me sentais très nostalgique. Je rendais souvent visite à mes parents. J'avais besoin de leur soutien moral, de leur présence sécurisante.

Par chance, en cette fin d'année 1991, le service comptabilité était très occupé. Ainsi, j'avais l'esprit trop pris pour broyer du noir.

Depuis le retour du Canada, j'avais pris pas loin de 10 kilos, mais je m'en moquais. Les boîtes de chocolat défilaient au bureau : un jour, un collègue offrait un ballotin ; la semaine d'après, un autre s'y collait. Je crois que je n'ai jamais mangé autant de chocolats que cette année-là ! Les sucreries sont d'un grand réconfort. Elles apaisent les âmes en peine, et la mienne se sentait moins douloureuse, une fois calmée par ces douceurs. En revanche, je ressentais une nausée permanente que j'attribuais à l'abus de chocolats d'une célèbre marque belge.

Après les fêtes, aucune amélioration : j'étais malade à en vomir. L'idée a fini par m'effleurer : et si j'étais enceinte ? Impossible. Bien sûr, j'avais affirmé au psychiatre que j'aurais d'autres enfants. J'avais un très grand désir de maternité. Malgré tout, je m'étais convaincue que je ne serais plus mère. Jacky m'avait volé Lucie et Sylvain. Mais si la nature décidait qu'il en soit ainsi ? J'ai fait un test de grossesse et le résultat ne laissait aucune place au doute : j'allais avoir un troisième enfant. Quel bouleversement ! C'était à la fois violent et merveilleux. Violent, car j'étais déchirée entre la vie qui prenait forme en moi et le souvenir de mes enfants disparus. Merveilleux, oui, car c'était ce qui pouvait m'arriver de plus beau.

Je me suis empressée d'annoncer la nouvelle au futur papa. Comme je l'avais imaginé, il était surpris et effrayé à la fois. Il allait devoir prendre ses responsabilités et s'engager pour la vie.

De mon côté, la surprise était aussi au rendez-vous. Comme elle était bonne, je ne ressentais aucune crainte. Pour la santé de mon bébé et sous l'effet de l'euphorie du moment, j'ai décidé d'arrêter les antidépresseurs. Excitée, je suis allée rendre visite à mes parents pour partager ma joie avec eux. À mon grand désarroi, ils ne se sont pas réjouis plus que cela. L'inquiétude les taraudait. Ils me regardaient sans rien dire, gardant pour eux les nombreuses interrogations qui leur brûlaient les lèvres.

Puis j'ai prévenu mes collègues. En apparence, ils se réjouissaient pour moi... même si certains ont estimé que je n'avais pas perdu de temps.

Qu'importent les médisances ! À compter de ce jour, je savais pour qui j'allais me lever. La vie prenait un autre sens. Une lueur d'espoir brillait désormais en moi. Une porte s'entrouvrait, et j'entrevoyais l'avenir.

20. La petite bouille

Éric s'était fait quelques amis à Chartres. Des jeunes un peu fragiles, perdus et passifs, oisifs, sans aucun projet dans la vie. Leur présence n'apportait aucun secours à mon compagnon. Ces gens passaient beaucoup de temps à la maison et, le soir, quand je rentrais, ils étaient encore là. Ça m'agaçait.

À la Noël 1991, Lucie et Sylvain me manquaient cruellement, mais je savais que la prochaine année serait meilleure. Je sentais mon corps se transformer, mes habitudes alimentaires se modifier et une douce fatigue s'installer. Je n'avais pas de doute, j'allais avoir un bébé. C'était merveilleux! Je l'aimais déjà.

Ma grossesse se passait bien. J'étais fatiguée, donc je me reposais beaucoup. J'étais heureuse et pleine de doutes. La vie avec Éric me faisait peur. Il n'était certainement pas le compagnon idéal pour la situation. Serais-je capable d'élever ce bébé et de l'accueillir avec tout l'amour nécessaire? Et si la grossesse n'arrivait pas à son terme? Cependant, le bébé que je portais a pesé du bon côté de la balance – du côté de l'espoir, de la vie, de l'amour. Je vivais ce moment comme une bénédiction.

Je rassurais Éric du mieux que je pouvais. Je lui répétais souvent :

— Nous avons surmonté beaucoup d'épreuves. Ensemble, nous pouvons être forts. J'en ai la volonté. Toi aussi, tu dois t'en donner les moyens.

Il entendait mais n'écoutait pas. Il ne savait pas comment vivre et se comporter en adulte. Je l'aimais malgré tout. Je croyais en nous. Je voulais me battre pour sauver notre couple et le sauver, lui.

Toutefois, j'étais accaparée par ce bébé que je portais. Au fil des semaines, mes pensées me semblaient plus légères. Je respirais mieux. J'ai appris que ce serait un garçon.

*

Je continuais à voir régulièrement mes parents, ma famille. Éric ne m'accompagnait pas souvent, ce qui m'attristait. Il ne comprenait pas combien leur présence m'était importante. Il me parlait encore de passer son permis. Je l'encourageais :

— Ce serait vraiment bien, compte tenu que la famille va s'agrandir. Et puis, tu serais plus autonome !

J'essayais d'y croire encore...

En mai 1992, Éric a trouvé un emploi de cuisinier à Chartres, saisonnier hélas. Il excellait dans son métier, c'était quelqu'un de très minutieux qui ne savait pas gérer son temps. Quand il travaillait, il ne dormait plus. Quand il ne travaillait plus, il se retrouvait dans un état de léthargie totale. Il était en permanence dans l'excès. Il se comportait comme un gamin capricieux, exigeant, qui ne supportait pas qu'on lui dise non.

C'était un grand enfant et je ne lui refusais rien, d'autant que je commençais d'avoir peur de ses réactions, de ce que je disais... Éric avait déjà connu des accès de rage envers lui-même, mais jamais envers moi, du moins pas sur le plan physique. Il savait par quoi j'étais passée et combien j'avais été victime de la violence. Malgré cela, il ne m'épargnait pas. Au contraire, enjôleur comme il était, il me manipulait.

En juillet, Thomas, un de ses amis, s'est suicidé. Ça a été une catastrophe pour Éric et pour moi par ricochet. Il s'enfermait dans un monde d'où j'étais exclue. Il a sombré dans une mélancolie face à laquelle je ne pouvais rien faire. Je me sentais seule à attendre notre bébé. Je portais cet enfant qui me permettait de m'envoler vers un avenir plus concret ; néanmoins, je souffrais. Je savais que j'avais choisi Éric et que je devais assumer ce choix. Notre relation n'était pas celle dont j'avais rêvé. Je souhaitais que, ensemble, nous soyons heureux. Seulement, lui, le voulait-il ? Il ne rentrait plus à l'heure de la pause. J'allais le chercher à la fin de sa journée de travail, car il n'avait toujours pas son permis. Parfois, quand nous rentrions, la minuit avait sonnée. J'étais fatiguée, et lui était absent, lointain. Il ne me parlait plus, trop absorbé dans le souvenir de son ami décédé.

Ce même été, j'ai soupçonné Éric d'entretenir une relation avec une serveuse travaillant dans le même restaurant que lui. S'il ne rentrait plus l'après-midi, peut-être était-ce pour passer du temps en sa compagnie ? À la seule pensée de cette trahison, je me sentais abattue. J'ai vécu la fin de ma grossesse seule et triste, même si je me sentais soutenue par la force de la vie que je portais en moi. Je m'accrochais à ce bébé qui était ma renaissance de mère. Si Éric ne voulait pas être père, je l'élèverais seule. Cela ne m'effrayait pas.

*

La naissance était prévue pour début septembre 1992. Le 14 août, vers 15 heures, Éric a souhaité aller chez Carrefour : il adorait traîner dans les grandes surfaces, contrairement à moi. Il n'avait pas le sou, mais aimait fouiller, fouiner, débusquer de bonnes affaires. Je n'étais pas en forme, mais j'ai accepté de l'emmener. Et soudain, j'ai lâché :

— J'ai envie de rentrer à la maison.

— Pourquoi ? On vient juste d'arriver.

— Je commence à avoir des contractions, et elles s'intensifient. J'ai besoin de m'allonger.

— Je ne comprends pas : la naissance est prévue pour début septembre, et tu commences déjà à...

— J'insiste, Éric ! En plus, il fait très chaud !

— Ça va, ça va, on rentre...

Vers 17 h 30, plus de doute : il fallait partir à la maternité. Les contractions étaient de plus en plus rapprochées et intenses. J'ai rassemblé mes affaires de toilette, les vêtements pour le bébé et pour moi-même. Mais mon grand garçon de vingt-cinq ans ne voulait plus m'accompagner. Après de longues minutes, il a enfin daigné venir avec moi. Ma famille était en vacances et, mon compagnon n'ayant pas son permis, c'est moi qui ai dû conduire jusqu'à l'hôpital. Il était 18 h 30. Je roulais doucement, et je n'ai jamais trouvé le temps aussi long. En arrivant à la maternité, on m'a installée très vite en salle de travail.

— Il était temps ! m'a soufflé la sage-femme.

Le reste est allé assez vite. Thibault est né vers 20 h. C'était un magnifique petit garçon. J'ai compté ses petits doigts, j'ai regardé son joli visage. J'étais rassurée. Heureuse de le serrer contre moi. De nouveau maman. J'aimais sa petite bouille. Je ne le quittais pas des yeux, je le dévorais du regard. J'étais comblée.

Éric n'a pas tardé à fuir. Par la suite, il n'est pas revenu très souvent à la maternité. Je m'inquiétais au sujet de ses fréquentations : sa supposée maîtresse, ses amis malsains… J'avais pourtant besoin de sa présence ! Je voulais qu'il soit le père de Thibault. Je souhaitais qu'ensemble nous réussissions à vivre bien.

Mes parents sont rentrés précipitamment de vacances. Ma mère m'a rendu visite aussitôt et a passé beaucoup de temps avec moi. Je pouvais compter sur elle. Puisque je vivais en Normandie, elle n'avait pas beaucoup connu mes deux petits anges, et je savais qu'elle ne passerait pas à côté de sa relation avec Thibault.

21. L'AGACEMENT

De retour à la maison, je me suis sentie débordée. Éric n'avait jamais été très actif dans les tâches ménagères. Il ne se sentait pas plus investi depuis la naissance de Thibault, protégé d'après lui derrière son sempiternel :

— Je ne suis pas à l'aise avec les bébés.

Il prenait peu son fils dans les bras, lui donnait rarement le biberon... Heureusement, mon rôle de mère me tenait à cœur. Une quinzaine de jours plus tard, Thibault n'était toujours pas reconnu par son père ! Éric ne souhaitait pas s'y coller avant la naissance. Maintenant, il y avait urgence, mais il ne voulait pas m'accompagner. Il hésitait, ne savait quelle attitude adopter... J'étais désemparée. J'ai dû insister pour que nous partions avec notre fils à Chartres. Arrivés en face de la mairie, j'ai demandé à Éric :

— Comment veux-tu qu'il s'appelle, Van Craeynest ou Oddo ? Je te donne une chance de devenir papa. Tu veux faire quoi de ta vie ? Que représente Thibault pour toi ?

J'étais agacée, fatiguée, triste, déçue.

Pas de réponse.

— Tu entres avec moi ou pas ?

Éric était paralysé par la peur de l'engagement, de sa prise de responsabilité en tant que père et de je ne sais trop quoi d'autre encore... Devant son absence de réaction, je suis entrée dans la mairie avec Thibault, suivi de près par son géniteur. Nous avons été accueillis par une employée de mairie :

— Nous venons reconnaître notre bébé, ai-je annoncé.

— Il me faut le livret de famille... Quel est son prénom ?

— Thibault, ai-je répondu.

— Et son nom de famille ?

J'espérais qu'Éric prenne la parole. Je l'ai fixé. La dame de l'état civil nous regardait d'un air étonné. Elle a dû imaginer que nous formions une drôle de famille. Devant le mutisme d'Éric et le ridicule de la situation, je me suis décidée à trancher :

— Il s'appellera Van Craeynest.

À cette époque, ma vie tournait autour de Thibault, ses biberons, le change, le bain, et ses périodes de repos. Je vivais pour lui. Je me surprenais à lui chanter les berceuses que je chantais à Lucie et Sylvain.

Thibault avait une jolie chambre blanche, avec une tapisserie bleue. Les couleurs étaient douces comme peut être doux un enfant. Durant un mois, je ne pouvais pas le coucher dans cette pièce. Il dormait dans son couffin près de moi, dans notre chambre. J'avais besoin de l'entendre respirer. Je dormais mal. Éric était agacé, car les nuits étaient agitées, même si j'étais seule à me lever pour m'occuper de *notre* bébé.

Thibault a fini par dormir dans sa chambre, mais je me réveillais pour l'écouter. J'avais peur. Dès qu'il criait, dès qu'il pleurait, je partais à son chevet. À sa manière, Thibault me rappelait qu'il avait besoin de moi. Il me ramenait au présent. Je le remercie donc d'avoir pleuré si souvent – tant pis pour mon épuisement!

Les jours passaient et, petit à petit, la confiance en la vie s'est installée. Beaucoup ont dû s'interroger sur ma capacité psychologique à élever Thibault. Mettre au monde un enfant, c'est presque simple. L'élever, dans ce cas précis, ce n'était pas gagné d'avance. Dieu merci, moi, je n'ai guère éprouvé de doutes, et c'est cela qui a fait ma force.

Je vivais au rythme de mon bébé. Je me sentais bien, à ma place. J'évitais de penser à mon passé, au drame. Je devais panser mon âme, et me concentrer sur le présent en élevant mon enfant. L'après-midi, je dormais avec lui. C'était un bébé anxieux, sans doute à cause du drame que j'avais vécu et des peurs que je lui avais transmises... et peut-être aussi à cause du patrimoine génétique de son papa.

*

Très vite, j'ai inscrit Thibault à la crèche. Je souhaitais qu'il soit élevé avec d'autres enfants de son âge. Quelques semaines plus tôt, j'avais visité les lieux pour m'assurer qu'il y serait bien. Le grand jour, je l'ai accompagné à la crèche. Quand, après de longues tergiversations, j'ai enfin quitté la crèche, je n'étais pas très rassurée. Je suis rentrée à la maison et suis restée vautrée sur le canapé toute la journée. J'avais le sentiment d'abandonner ma troisième merveille. Je pleurais. Je vivais cette séparation comme un déchirement.

À 16 heures précises, j'ai enfin pu récupérer mon enfant. Tout s'était bien passé. Je suis repartie tranquillisée... et j'ai pu reprendre le travail. J'étais enchantée de retrouver mes collègues et une activité professionnelle. D'ailleurs, je n'avais pas le choix : financièrement parlant, c'était nécessaire, Éric n'ayant pas d'emploi stable. Malgré sa grande disponibilité, il refusait toujours de garder Thibault de temps en temps : avec un enfant sur les bras, comment pourrait-il trouver un emploi ? De surcroît, il fallait qu'il reçoive ses nombreux amis, aussi énergiques que lui, qui ne manquaient pas de lui rendre visite.

Ce nonobstant, je me sentais bien et ça changeait tout : Éric allait mieux - ou peut-être prêtais-je moins d'attention à ses états d'âme... Aussi, je me permettais de le laisser seul quelque temps avec son fils.

Thibault grandissait et il s'éveillait. C'était un enfant souriant bien que craintif. Il aimait son environnement. Il était très attaché à ses habitudes et aux odeurs familières.

— Je serai toujours là pour te protéger, lui promettais-je tout bas.

Parfois, je faisais un arrêt sur image et j'observais mon parcours : des sentiments contradictoires s'opposaient, allant de la fierté d'avoir survécu à l'enfer, à la honte de n'avoir pas pu sauver Lucie et Sylvain.

Le *week-end*, je passais beaucoup de temps avec ma mère.

— Éric, je vais à Morancez. Tu m'accompagnes ?

— Non je suis fatigué, je reste là. Je vais regarder un film.

Il avait peur des jugements et des questions du genre :

— As-tu trouvé du travail ?

Peut-être aussi ne se sentait-il pas à la hauteur de ce que j'attendais de lui – chercher un emploi pour se sortir d'une situation précaire. Je ne lui reprochais jamais rien, même si son attitude m'agaçait beaucoup. En revanche, je ne pouvais pas m'empêcher de le questionner :

— Éric, as-tu envoyé des lettres de motivation ? J'ai lu dans le journal qu'on recherche du monde dans la restauration. Il faudrait appeler, non ? J'ai noté le numéro.

Il a commencé à suivre des leçons de code. Mais il s'est mis une pression terrifiante. Du coup, il a passé son code cinq fois, l'a toujours raté et, partant, n'a jamais eu son permis.

22. Les retrouvailles

Comme l'année précédente, Éric a fini par trouver un emploi saisonnier en restauration : son contrat a démarré en mai.

— Je suis contente pour toi. Tu vas retrouver une vraie vie sociale !

J'étais apaisée. Le soir, j'allais le chercher à la sortie de son boulot, mais avec Thibault maintenant. Éric avait beaucoup de mal à aller vers les autres. Les hommes en tout cas. En revanche, je savais que c'était un séducteur. Il connaissait la psychologie féminine et avait très bien compris qu'il suffit parfois d'être à l'écoute d'une femme pour l'approcher.

Je suis partie en août pour Quiberon avec mes parents, trois ans après y être venue avec Lucie et Sylvain. Nous étions dans le même *camping*, avec les mêmes amis. J'ai hésité, car j'avais peur de la violence des souvenirs. Simultanément, j'avais envie de m'imprégner des derniers endroits qui sentaient bon les instants inoubliables passés avec mes enfants disparus. Ma mémoire a été mise à l'épreuve, car chaque coin de rue ravivait un moment précis vécu avec Lucie et Sylvain. Thibault était là, et c'était ma grande force et, un jour, j'ai dit :

— Mamie, pour l'anniversaire de Thibault, on va s'occuper du repas et acheter un gâteau.

— Un an, déjà ! Comme le temps a passé vite !

Thibault a fait ses premiers pas à Quiberon. Pas effrayé par l'eau, il se sentait très à l'aise dans cet univers.

Nous avons passé de belles vacances. Ma petite Lucie et mon petit Sylvain n'étaient pas loin mais, cet été-là, personne ne parlait d'eux. Quelle tristesse ! J'aurais tant aimé que l'on me rappelle une anecdote de l'un ou de l'autre. Cela me faisait douter. Avais-je vécu ce drame ? Lucie et Sylvain ont-ils existé ? Ce qui s'est passé ces dernières années était-il bien réel ?

J'étais en manque de mots et de vérité.

*

De retour de Quiberon, j'ai repris le travail et les tâches ménagères, sans oublier Éric et les visites chez mes parents. Mon Titi a retrouvé ses copains de la crèche. La course avait repris, et je n'avais pas le temps de réfléchir, pas même sur moi, pas même sur le drame.

Le contrat d'Éric s'est arrêté en septembre. Je pensais : « Certes, il ne prend pas à cœur son rôle de père de famille. Tant pis, je me contenterai de cette situation. Je crois en nous. » Ce qui m'évitait de me poser des questions dérangeantes...

Est arrivée la troisième Noël sans mes deux anges, et la deuxième avec mon Titi.

Ces fêtes de fin d'année me pesaient. J'étais partagée entre la joie et la tristesse, entre l'envie d'être avec la famille et celle d'être ailleurs. J'ai commencé à laisser un sourire rassurant se figer sur mon visage. Je n'avais pas envie de parler. Prononcer le nom de Lucie et Sylvain aurait été une épreuve. Je ne souhaitais pas perturber la soirée par des souvenirs douloureux et des larmes. Un goût d'amertume m'envahissait : j'avais l'impression de déranger par ma seule présence.

Quand le printemps 1994 est arrivé, Éric m'a glissé :

— Ce serait bien si Thibault avait une petite sœur ou un petit frère !

Avoir un second enfant n'était pas une de mes priorités, compte tenu de la situation professionnelle d'Éric et de son inconstance psychologique. J'ai préféré me taire et sourire à l'idée d'avoir un autre bébé. J'étais partagée. Et, en mars 1994, j'ai appris que j'étais enceinte. Éric espérait que ce serait une fille. Connaissant Éric, mes parents se demandaient ouvertement si c'était une bonne idée. Qu'importe ! Cela n'a rien retiré à ma joie d'être à nouveau mère.

*

Ainsi qu'à son accoutumée, le temps a passé.

Thibault réclamait beaucoup d'attention, ce qui n'était pas pour me déplaire. À présent, il marchait et aimait se promener au parc pour voir les canards, à qui nous donnions du pain dur. Il était plié de rire quand nous y allions. Le gros ventre de Maman ne semblait pas le perturber plus que cela. Mon petit garçon aimait les jeux manuels, les voitures. Il se promenait toujours avec un marteau en plastique et il tapait sur des morceaux de bois pour imiter ses oncles qu'il avait observés.

Ma grossesse s'est passée plus sereinement que la précédente. Je ressentais moins d'inquiétude et je me suis rendue à la consultation du cinquième mois sans appréhension. J'y ai appris que j'attendais une fille ! J'ai eu les larmes aux yeux tant j'étais heureuse. Si Thibault était ma renaissance, cette petite fille serait ma confirmation au droit d'être mère. La vie avait pris une autre dimension. Je me suis souvenue des propos que j'avais tenus chez le psychiatre dès le lendemain du drame: «J'aurai d'autres enfants!» Ce désir de maternité évoqué à un moment aussi fou était en train de se réaliser. J'avais la volonté, le courage, l'envie. Cependant, rien n'était gagné, je le savais.

La vie est quasi toujours compliquée. Par exemple, mes parents s'étaient fâchés avec Rico, qui avait quitté sa femme Nathalie et vivait avec une nouvelle compagne, Pascale. Ils avaient eu un enfant, Valentin, que mes parents ne connaissaient même pas. Et, un jour, dans sa cuisine, ma mère m'a dit:

— Patou, dimanche, on fête l'anniversaire de ton père. Il va manquer quelqu'un...

— Maman, cela ne dépend que de vous: tu connais la condition pour revoir Rico...

— Ah, ça, jamais!

À cet instant précis, j'ai décidé de lui dire ce que j'avais sur le cœur:

— Je vous trouve ridicules. Votre fils vous manque et vous m'en parlez sans arrêt. Vous préférez souffrir et ne plus voir Rico, alors qu'il vit à quelques kilomètres. Moi, je ne pourrai plus serrer Lucie et Sylvain dans mes bras et vous, vous vous privez volontairement de votre enfant. Vraiment, je ne vous comprends pas. Réveillez-vous avant qu'il ne soit trop tard!

Elle me regardait avec de grands yeux. J'ai empoigné ma mère et l'ai conduite devant le téléphone.

— Ne bouge pas! Je compose le numéro et tu parles à ton fils. Propose-lui de venir manger dimanche avec sa femme et ses enfants pour l'anniversaire de Papa.

C'est ainsi qu'ils se sont revus. J'étais fière et heureuse d'avoir permis ces retrouvailles.

23. La mauvaise organisation

En cet été 1994, Éric a travaillé pour la saison en tant que cuisinier, dans le même restaurant que l'année précédente. Mon fils et moi avons pris l'avion pour nous rendre à Sainte-Maxime, sur la Côte d'Azur, rejoindre mes parents, mon frère Rico et sa famille.

C'était la première fois que Thibault prenait l'avion. Il ne tenait plus en place. Nous avons passé de belles journées de vacances au *camping*. Il faisait très chaud. Nous étions bien... Hélas, Thibault a contracté la varicelle : il était couvert de boutons des pieds à la tête. Aussi, nous avons dû mettre un terme à notre séjour plus tôt que prévu. D'autant que le fils de ma sœur Sylvie était né. J'avais hâte de le voir !

De retour à Chartres, je me suis empressée de rendre visite à ma sœur pour faire connaissance avec le dernier-né de la famille, un petit Victor, comme dans *Les Feux de l'amour* dont ma sœur est *fan*. Subitement, j'ai pris conscience que, dans quelques mois, mon bébé viendrait au monde. J'avais hâte que mon tour arrive !

Le contrat d'Éric s'était terminé. À nouveau sans emploi, mon compagnon ne se comportait pas en adulte responsable. Il détestait une chose : régler les factures. En revanche, dès qu'il percevait son salaire, il s'empressait de se faire plaisir et d'offrir des cadeaux à ceux qu'il aimait. Ça m'agaçait, mais je me taisais et je continuais à faire vivre la famille.

J'avais repris le travail. Pourtant, malgré toute ma volonté, j'étais fatiguée. Très vite, le médecin a dû m'arrêter. J'avais inscrit Thibault dans une école qui accueillait le matin les enfants propres âgés de deux ans. J'allais pouvoir me reposer, car mon Titi était un petit garçon très remuant.

Maman m'avait gentiment proposé de me confectionner des draps et des décorations pour la chambre de ma future petite fille. De jolies fleurs ornaient le tissu que j'avais acheté. Je rêvais d'une vie en rose pour ma fille... La naissance était prévue pour le 24 décembre. Quel beau « cadeau de Noël » en vue ! Le 12 au matin, j'ai accompagné Thibault à la maternelle. Il était à la fois content et anxieux. C'était la fête de Noël de l'école.

— C'est chouette, lui ai-je glissé. Le Père Noël va passer cette après-midi et t'apporter un cadeau. La chance ! Vous allez chanter avec tous les copains et copines.

De retour à la maison, j'ai ressenti des contractions qui se sont très vite accélérées. Une fois n'est pas coutume, Éric était sous contrat pendant quelques semaines et était déjà parti au travail. J'ai donc appelé ma mère pour qu'elle m'emmène à la maternité. Dès qu'elle m'a déposée, maman est repartie s'occuper de Thibault, et Éric a réussi à se libérer pour assister à la naissance, vers 14 h. Ma petite Angélique est née à 15h. C'était un beau bébé, déjà très chevelu. Je tenais mon enfant dans les bras – le bonheur total. Je rêvais tant de retrouver une belle complicité, comme celle que j'avais vécue avec ma petite Lucie. Éric lui aussi semblait ravi d'avoir une fille :

— Elle a des cheveux tout noirs, elle est ronde et elle fait déjà des grimaces ! a-t-il commenté en souriant.

L'heureux papa ne m'a pas rendu de nombreuses visites à la maternité. Heureusement, ma mère venait souvent et, de temps en temps, avec mon fils. Thibault semblait s'intéresser à sa sœur, à sa manière.

Quand je suis sortie de la maternité quelques jours avant Noël, j'ai retrouvé la maison en grand désordre, comme d'habitude. J'étais agacée. Tout à coup, j'ai entendu frapper à la porte. Je suis allée ouvrir.

— Coucou, c'est nous ! s'est écrié ma mère.

Thibault a déboulé dans la maison : comme il m'avait manqué ! Nous étions très heureux de nous retrouver. Nous nous sommes fait plein de câlins et de bisous. Quand Angélique s'est mise à pleurer, son grand frère s'est rendu compte de sa présence :

— Il fallait laisser le bébé à l'hôpital... Je ne veux pas qu'il reste à la maison !

— Il me semblait que tu aimais faire des bisous à ta sœur ?

— Oui, mais à l'hôpital...

J'ai compris que cela allait être un plus compliqué que ce que j'avais imaginé. Dès qu'Angélique réclamait un peu d'attention, le biberon, la toilette ou le change, il disait :

— Y'en a marre : ce bébé a toujours faim !

Thibault n'aimait pas que je m'occupe d'Angélique : il avait beaucoup de difficultés à partager sa maman. Alors, je lui montrais qu'il comptait toujours autant pour moi et que je ne demandais qu'à passer du temps avec lui :

— Veux-tu que je te raconte une histoire, ou que nous jouions aux Lego ?

J'avais de la chance : Angélique était un bébé facile à vivre, calme, souriant et qui dormait beaucoup. Elle pleurait rarement. Dès que je pouvais, je faisais la sieste en même temps que mes enfants. Je récupérais ainsi de ma grossesse, tout en profitant de ces instants privilégiés.

Pour Noël, nous sommes partis à Morancez, le 24 décembre en soirée. La famille s'était agrandie et, tous réunis, nous étions nombreux, à présent. Cette année-là, nous avions décidé d'organiser la fête au sous-sol, décoré de guirlandes multicolores et aménagé pour l'occasion en salle de réception. Mes parents avaient dressé une très jolie table, avec une nappe bleue ornée d'étoiles dorées. Les serviettes étaient assorties, et Maman avait acheté des compositions florales qui donnaient un air de fête. Un grand sapin scintillait de mille lumières avec, à son pied, un cadeau pour chacun.

Pour une fois, Éric m'avait accompagnée et il avait même aidé à la préparation du plat de viande et des légumes qui l'accompagnaient. Quand nous nous sommes enfin installés à table, mon père a annoncé le programme : huitres, foie gras et saumon fumé pour ceux qui ne mangent pas d'huitres. Tout Noël !

Les enfants jouaient ensemble et entonnaient des chansons de circonstance, tel « Petit Papa Noël ». On reprenait avec eux le refrain en s'égosillant.

J'étais entourée de mon fils et de ma fille, et je me suis projetée dans l'avenir : « J'en ai pour 20 ans de responsabilités ! », ai-je pensé. J'acceptais ces engagements avec joie, car je ressentais un sentiment de plénitude. Rien ne pourrait arriver de mal. Je serais toujours là pour protéger mes deux amours.

J'allais chanter pour Thibault et Angélique, me promener avec eux, leur lire de belles histoires. Pourtant, une ombre ternissait mon bonheur : l'absence de Lucie et Sylvain. Alors, j'ai décidé de ranger ces pensées douloureuses dans une case de mon âme. Je m'interrogerais plus tard. Je devais vivre dans le présent et me réjouir de ma nouvelle vie.

*

Après Noël, Éric ne souhaitait plus exercer le métier de cuisinier. Il voulait avoir des horaires « normaux » pour « profiter des enfants ». L'idée partait d'une bonne intention : peut-être, en effet, notre vie serait-elle meilleure ? Guère convaincue, j'ai téléphoné à Rico pour lui soumettre l'idée. Mon frère a accepté de convoquer mon compagnon qui, après un bref entretien, a été embauché dans l'entreprise familiale. Hélas, au bout de quelques semaines seulement, en rentrant de sa journée de travail, mon grand garçon immature a commencé à se plaindre :

— C'est compliqué, je ne connais pas le travail. Et puis, avec tes frères ce n'est pas simple : c'est mal organisé.

Je l'avais déjà entendu parler ainsi. À chaque emploi différent, il avait un problème relationnel avec les uns ou les autres, et il trouvait un prétexte pour se dédouaner. Cette fois-ci, il avait opté pour :

— Tu as vu les horaires que l'on se tape !

À l'écouter, il n'y avait que lui qui bossait ou qui « savait faire ». Mais il avait négligé un détail : en quittant le métier qu'il maîtrisait, il perdait une autonomie et un coup de main. La connaissance de sa profession le rassurait, lui qui doutait tant de lui ! Un an après son embauche, Éric a donné sa démission.

— Je ne suis pas conçu pour les métiers du bâtiment, m'a-t-il avoué.

Cette expérience malheureuse était prévisible. Je connaissais bien mon Éric, mais je ne pouvais m'empêcher de lui laisser sa chance.

24. L'humour de la marquise

Mes parents s'étaient fait plaisir en achetant un *mobil-home* à Quiberon au bord de l'océan. J'aime cet endroit, j'aime la mer. Le terrain était bien situé, idéal pour séjourner avec des enfants en bas âge. J'avais tant de souvenirs gravés dans mon cœur avec Lucie et Sylvain, et puis les premiers pas de Thibault...

Les vacances arrivaient à grands pas. J'étais très contente d'aller rejoindre mes parents avec mes deux loupiots. Thibault allait avoir trois ans, Angélique huit mois. Dès le lendemain de mon arrivée, mon père est reparti à Chartres et nous sommes restés tous les trois avec ma mère qui s'occupait de l'intendance. Elle aimait repasser le linge des enfants et nous préparer de bons petits plats. Pour moi, c'étaient des vacances idylliques. L'après-midi, après la sieste, nous allions à la plage, Angélique en poussette, et Thibault qui donnait la main à sa grand-mère.

Nous étions harnachés, entre les serviettes, les goûters et les divers jouets de plage : seau, pelle, raquettes et boules en plastique. Nous étions installés sur la plage. Tout à coup Thibault m'a crié :

— Maman, regarde, Angélique mange les cailloux et les algues !

Alertée, je me suis précipitée vers elle. En effet, elle mettait à la bouche tout ce qu'elle trouvait, entre autres les galets qu'elle devait trouver à son goût.

— Ne mange pas ça, ce n'est pas bon, ma puce !

Ma fille aimait l'eau. J'avais eu l'idée d'acheter un petit bateau gonflable que je remplissais pour l'asseoir et la laisser patauger avec ses jeux. Pendant qu'Angélique clapotait sous l'œil de sa grand-mère, je jouais à la pétanque avec Thibault.

— Allez, l'ai-je encouragé, c'est à ton tour de lancer la boule, le plus près de la petite en couleur.

Il l'a lancée... mais très loin.

— Moins fort : regarde où elle est partie !

— Bah oui ! Elle est loin...

— Maman a gagné !

— C'est pas juste !

Thibault s'est mis à bouder. Comme beaucoup d'enfants, il n'aimait pas perdre.

Certains soirs, nous allions en ville pour déguster une « niniche », gourmandise quiberonnaise disponible dans tous les parfums, même Coca-Cola – le préféré de Thibault. Le temps de la promenade du retour, le long de la plage, la sucette était engloutie.

Ces vacances en famille m'ont réjouie. Nous profitions les uns des autres, il faisait beau et, quand il pleuvait, on mangeait des crêpes au caramel beurre salé ou à la confiture, et nous entamions une partie de petits chevaux. Je vivais des moments de grande intensité. Pas de doute, mon chemin était tout tracé : Thibault et Angélique étaient ma raison de vivre, mon oxygène, mon équilibre, mon bonheur. Je vivais des instants de plaisirs simples, mais tellement précieux, après avoir connu un drame. Je renaissais.

*

À l'époque, nous habitions à Lucé, dans un petit pavillon. Nous étions voisins avec une femme, Martine, qui vivait avec sa fille, son fils et sa mère. Ses enfants avaient le même âge que les miens et j'avais tout naturellement sympathisé avec elle... jusqu'à cette terrible conversation. Martine me parlait de sa situation difficile. Elle élevait seule ses enfants et leur père ne les voyait pas. Des liens d'amitié semblaient se tisser entre nous. Quand j'ai cru bon de lui confier ma lourde souffrance, elle a jugé que Jacky avait eu raison de se suicider. D'après elle, c'était plus courageux que vivre. Sa réponse m'a laissée sans voix. J'étais abattue, comme si on venait de me planter un couteau dans le cœur. Les larmes me sont montées aux yeux.

Était-ce de la bêtise ou de la méchanceté ? ou un (pas très) subtil mélange des deux ? Quoi qu'il en soit, cette réflexion m'a fait comprendre à quel point certaines personnes pouvaient porter des jugements rapides, assassins et inintelligents. Je m'interroge encore : comment peut-on parler de courage quand un père tue ses enfants ? Je me suis promis de me méfier des gens, dorénavant. J'ai pris mes distances avec Martine et je suis devenue plus prudente. Ce qui ne m'empêchait pas d'avoir mon caractère. Notamment quand Éric ne me prenait pas au sérieux dans l'éducation de nos enfants. Je me souviens d'un jour où j'ai tonné :

24. L'humour de la marquise

— Non, non, et non ! On a déjà abordé le sujet « armes ». Je ne veux pas voir Titi avec un pistolet dans les mains !

— Arrête, Patricia, c'est un jouet. Il ne peut pas faire de mal avec ça !

Nous nous sommes disputés, mais la nuit m'a porté conseil et j'ai mis de l'eau dans mon vin : « Patricia, tu ne dois pas élever Thibault en lui transmettant tes peurs. Si jouer avec un pistolet en plastique lui fait plaisir, tu dois l'accepter », me suis-je dit.

De plus en plus sereine, j'ai repris le travail avec de bonnes résolutions. J'ai décidé de faire attention à ma ligne et de pratiquer une activité sportive. À cinq minutes du bureau se trouvait la piscine. J'ai commencé à y aller une fois par semaine, puis deux fois. Je nageais 1000 mètres, prenais ma douche et retournais au travail. Entre le boulot et la maison, c'était la course, et nager me faisait du bien, c'était pour moi un exutoire.

*

L'été 1996 a été la saison des opportunités : Éric a recontacté le patron du restaurant dans lequel il avait déjà travaillé, et il a réussi à décrocher un contrat pour la saison estivale. Il était heureux de retrouver son univers de cuisinier. De mon côté, un poste à responsabilité s'est libéré au bureau, et j'ai candidaté. L'entretien était prévu en septembre. J'ai décidé de partir avec les enfants en Vendée, à Saint-Jean-de-Monts. J'étais si heureuse de me retrouver enfin seule avec eux... J'ai expliqué à Éric :

— Je vais profiter des vacances pour préparer mon entretien.

— C'est bien. Là-bas, vous êtes à côté de la mer. Tu seras tranquille !

— Oui, la journée je me consacrerai aux enfants et, le soir, quand ils seront couchés, je réviserai.

Et c'est ce que j'ai fait pendant deux semaines. Nous avons passé de merveilleux moments tous les trois. Angélique marchait, maintenant, et tenait la conversation aux voisins dans un joyeux charabia. Elle était toute bronzée, et sa petite bouille attirait les regards et les remarques récurrentes :

— Comment s'appelle votre fille ? Quel âge a-t-elle ?

— Angélique. Elle a 20 mois.

— Une future marquise des Anges !

Ce n'était ni la première, ni la dernière fois, que j'entendrais ce commentaire hautement humoristique. J'avais appris ma répartie :

— Celle-là ne sera pas blonde, en tout cas...

25. Le charmant monsieur

Au début, Éric m'appelait régulièrement. Au bout de quelques jours, il ne téléphonait plus et ne répondait plus à mes appels. Je m'interrogeais.

Les vacances se sont terminées et nous sommes rentrés au bercail. Je sentais mon compagnon distant, inquiet, absent. Comme il était souvent dans cet état, je m'en suis peu souciée.

Le soir du 4 septembre 1996, nous nous sommes allongés côte-à-côte, et Éric m'a lancé «sans autre forme de procès», comme écrivait ce Jean de La Fontaine que l'on étudiait à l'école :

— Je pense que je ne t'aime plus. D'ailleurs, j'ai rencontré quelqu'un d'autre.

J'ai ricané. La nouvelle ne m'avait pas atteinte. Comme si je n'avais pas entendu les mots prononcés. Curieuse, cette manie de devenir sourde, comme si mon cerveau voulait prendre son temps... Le lendemain, à mon réveil, je ne gardais qu'un vague souvenir de la conversation de la veille :

— J'ai rêvé ou j'ai bien entendu ce que tu m'as appris hier soir ? Tu as rencontré quelqu'un d'autre ?

— Oui, c'est ça.

Mon corps s'est tétanisé. J'étais glacée. Ma raison basculait. Je ne comprenais pas ce qu'il racontait. Tout à coup, je me suis retrouvée des années plus tôt : j'avais l'impression de revivre la même situation. Pour moi, me séparer de mon conjoint signifiait la perte de mes enfants, comme six ans – jour pour jour – auparavant ! J'ai pensé que si je lui laissais Thibault et Angélique, je ne les reverrais plus. Le passé se mélangeait au présent. Submergée par mes émotions, j'étais incapable de faire preuve d'objectivité. Je ne pensais plus. J'avais peur. C'était insupportable. J'ai hurlé :

— Pars, je ne veux plus te voir !

— OK, je m'en vais mais je reviendrai voir les enfants.

— Non, ne reviens plus jamais, et ne t'approche pas d'eux !

Éric a préparé un sac et est sorti de la maison.

— Si un jour, tu me prends les enfants, je te tue ! lui ai-je lancé.

J'étais transformée en guerrière, en tigresse prête à tout pour défendre sa famille.

Je me suis retrouvée très seule et complètement abattue. Pour ne pas m'enfoncer dans la dépression, je suis allée voir le médecin, qui m'a mise en arrêt de travail.

*

Ce que j'ai fait les jours qui ont suivi, je ne pourrais pas le dire précisément. Je me levais pour déposer Thibault à l'école, et Angélique à la crèche. Je me couchais au retour, je dormais, je pleurais, j'étais prostrée, incapable de penser à autre chose qu'à protéger les enfants. En fin d'après-midi, j'allais les chercher, et les journées s'écoulaient ainsi.

Je n'arrivais plus à manger, mon corps rejetait toute nourriture. J'avais perdu beaucoup de poids et d'énergie. J'étais en grand danger. Passé et présent m'angoissaient.

Durant deux semaines, je n'ai parlé à personne de la situation, car j'éprouvais un sentiment d'échec. J'avais honte, j'avais peur. Puis, un matin, je me suis réveillée en me disant : « J'ai vécu le pire, je ne vais pas me laisser abattre, je ne vais pas baisser les bras maintenant. » D'un pas décidé, je me suis levée, je suis allée chercher les enfants et je me suis rendue chez mes parents. Je suis tombée dans les bras de ma mère, en pleurant.

— Éric est parti, ai-je gémi. Il a rencontré quelqu'un d'autre. Je suis si triste !

— Écoute Patou, il faut te battre. Tu as les enfants !

Je ne lui ai pas répondu. Je l'ai remerciée d'un regard. Depuis presque dix jours, j'étais murée dans un silence tel que j'étouffais. Grâce au soutien de ma mère, je me suis sentie comprise et soulagée.

J'ai donc repris le travail. Récupéré doucement. Me suis mieux alimentée. Je dormais enfin. Je n'ai pas revu Éric tout de suite. Je l'appelais souvent, mais il ne répondait pas. Je m'inquiétais qu'il lui soit arrivé quelque chose. Fin septembre, je lui ai téléphoné pour lui rappeler notre engagement à baptiser les enfants, mi-octobre, avec Victor, Pascaline et Valentin, les cousins de Thibault et d'Angélique. Avec mon frère et ma sœur, nous avions décidé d'organiser la cérémonie ensemble. L'idée de ce baptême en commun avait germé à son rythme. La famille était ravie. Je me réconciliais avec la foi.

— N'oublie pas que tu t'es engagé à préparer le buffet pour le baptême ! ai-je seriné à Éric.

— Il n'y a pas de souci, je tiendrai ma promesse.

— Il reste peu de temps pour organiser le repas, il faut décider du menu!

Nous avions loué une salle en pleine campagne, située près d'un étang. L'endroit était très tranquille. Nous avions décoré les lieux avec des guirlandes et installé une sono pour marquer l'événement. Une centaine de personnes avait été conviée: de la famille des uns, des autres, et quelques amis proches. Nous avions préparé de nombreux amuse-gueules différents pour l'apéritif, présentés sur un support en forme d'arbre. C'était magnifique! Au menu: lotte à l'armoricaine, rôti de bœuf sauce au poivre servi avec des légumes, un superbe plateau de fromages et, pour finir, un délicieux gâteau.

Malgré mes craintes concernant l'avenir, j'ai fait la fête. Eh oui! Cette journée avait atteint son objectif: que toute la famille passe un agréable moment.

Cela faisait une quinzaine de jours que nous nous revoyions avec Éric et je l'ai interrogé sur sa relation avec son amie:

— Son mari est violent et il menace de lui faire du mal. Tu comprends, elle a besoin de mon soutien.

— Comment? Tu veux encore jouer à Zorro? Tu veux sauver toutes les âmes en peine de la terre! Moi aussi, j'ai besoin de ton soutien. Je ne te comprends pas...

J'étais furieuse et, je l'avoue, jalouse. Après la fête, Éric est reparti.

Moi, j'ai cogité. Je me suis mise à douter de ma féminité. Sa nouvelle compagne avait dix ans de moins que moi. Je me sentais hors-jeu! Suite à cet épisode douloureux, penser à un homme me dégoûtait. Je me sentais abandonnée et trahie. «Je ne veux plus aimer!», me disais-je.

Heureusement, j'adorais Thibault et Angélique, ils me le rendaient bien. J'allais réussir à les élever, même seule, ainsi que je l'avais fait, peu ou prou, depuis leur naissance. Une nouvelle fois, je me lançais un défi. J'en avais besoin pour continuer à avancer.

*

Le 21 décembre 1996, c'était l'anniversaire de Thierry, mon frère. Il fêtait ses 34 ans pendant le repas de Noël de l'entreprise familiale. Cela se passait chez mes parents, au sous-sol.

Je me suis fait violence pour me rendre à la soirée. J'y ai rencontré les commerciaux, les salariés de l'entreprise et quelques amis de mes frères. Un homme s'est montré très délicat et attentionné avec moi tout le long du repas, et j'ai passé un agréable moment. Ses efforts pour s'intéresser à moi m'ont touchée. Jusqu'à ce jour, je pensais être devenue insignifiante, transparente, et j'étais redevenue visible, grâce à ce charmant monsieur.

Hélas... En fait, il était en couple. Il ne s'intéressait à moi que parce qu'il avait trop bu ! Cela confirmait ce que je pensais à l'époque : « Les hommes sont tous pareils. »

Ce Noël 1996 m'a laissé un goût amer. Sans Éric, je me sentais seule et j'étais triste.

26. Le pardon

En février 1997, Éric est revenu à la maison. Il avait quitté ma remplaçante, et il n'avait nulle part où aller. J'ai accepté à condition qu'il se prenne en main et s'investisse plus dans notre vie de famille.

J'avais pardonné son écart, sans l'excuser. J'espérais encore qu'il change. «Quoi qu'il en soit, si nous nous séparons, jamais je ne lui laisserai les enfants», me suis-je promis. Je n'avais plus confiance en personne, et surtout pas dans un père. Au fond de moi, je savais qu'Éric ne changerait pas, mais j'étais de nouveau en train de m'enfermer dans une situation inconfortable... que j'acceptais. Me séparer d'Éric m'aurait obligé à lui laisser les enfants, au moins certains *week-ends*.

Un matin au réveil, Il m'a annoncé une nouvelle terrifiante : un homme avait tué ses enfants et tenté de se suicider.

Cette nouvelle m'a glacée. J'aurais aimé avoir assez souffert pour que jamais plus de tels drames ne se reproduisent. Mais non, la violence démentielle existait encore. À travers cette histoire, je revivais mon calvaire et je pensais à cette maman :

elle allait devoir passer par les mêmes épreuves terrifiantes que j'avais traversées – depuis, elle a raconté son histoire dans un livre intitulé *À bouts touchants*. Mon équilibre fragile venait de subir un choc, ranimant mes vieilles blessures.

D'autres problèmes se posaient. À cette époque, Thibault était en maternelle. Son institutrice ne le supportait pas et le lui faisait sentir. Au point qu'il hurlait le matin quand je le déposais. Il n'était pas rare que, le soir, quand j'allais le chercher, il ait fait ses besoins sur lui par peur de déranger la maîtresse.

À la rentrée des vacances de Toussaint, j'ai demandé un rendez-vous avec l'institutrice qui m'a prise de haut.

— Votre fils est un fainéant, il ne fait aucun effort pour reproduire ce qu'on lui demande. Il n'écoute pas les consignes.

— Mais, madame, ai-je protesté, vous parlez d'un garçonnet de quatre ans !

Je la sentais agitée. En tout cas, elle parlait vite et semblait agacée. J'étais abasourdie : comment peut-on prononcer des paroles aussi dures au sujet d'un enfant aussi jeune ? Je suis allée voir la directrice de l'établissement :

— Madame, est-il possible que Thibault change de classe ?

— Attendez l'année prochaine : il sera avec une enseignante différente, et cela se passera bien.

Je suis sortie de son bureau, pas convaincue pour un sou, et la situation ne s'est pas arrangée. Thibault se rendait malade un peu plus chaque jour. Enfin, les vacances de Noël sont arrivées. J'attendais ce moment avec impatience. Un jour, j'ai croisé ma belle-sœur Claire, à qui j'ai fait part de mes tourments. Elle m'a rassurée :

— Mes enfants sont inscrits dans une école privée. Je te laisse le numéro et tu appelles de ma part.

*

Début janvier, j'ai appelé la directrice de l'établissement catholique. Elle m'a promis de l'inscrire dès le lendemain.

Le premier jour, je suis restée soucieuse. Thibault s'adapterait-il à ce changement de cadre? Dès le premier soir, j'étais rassurée, soulagée. Mon fils souriait à la sortie de la classe: cela faisait longtemps que ce n'était pas arrivé. Merci, Claire!

Mais, peu après, j'ai vu un camion de pompiers stationné devant la crèche. C'était la panique totale! Je me suis précipitée dans le hall et j'ai croisé la puéricultrice qui m'a accompagnée jusqu'à l'endroit où jouait Angélique. Je la sentais accablée et triste. Dieu merci, ma fille allait bien! Je l'ai prise dans mes bras et je l'ai couverte de baisers. Mais pourquoi ce camion?

— La petite Victoire est décédée de la mort subite du nourrisson, m'a expliqué une puéricultrice.

J'étais surprise et terrifiée. Elle avait le même âge que ma fille: presque dix-huit mois. Je pensais que le risque ne concernait que les enfants de moins d'un an. Je me trompais.

Cette triste nouvelle m'a remplie de peur: «Et si Angélique succombait à cette maladie?» La nuit, je me levais, je surveillais son sommeil. Heureusement, le temps passait; les jours, les semaines se sont écoulées. La peur se dissipait peu à peu et je reprenais confiance. Durant de longues années, quand Thibault ou Angélique étaient malades, je réagissais de manière excessive. Un peu de fièvre ou un bobo me faisait perdre la raison. Je paniquais très vite. Nul ne pouvait me calmer. Je n'avais qu'une idée en tête: retrouver mes enfants, car je pensais être la seule à pouvoir les protéger.

D'autant que ma relation avec Éric ne s'arrangeait pas. Je l'ai interrogé sur son projet de vie, ses intentions. Il ne disait rien. Son regard était fuyant. Il gardait la tête baissée. J'étais triste, car j'imaginais ses états d'âme. Pourtant, je voulais encore y croire.

Alors, l'été 1997, nous sommes partis en Vendée quelques jours. C'étaient les premières vacances en famille, la première et unique fois que nous partions tous les quatre. Chaque jour, nous allions à la plage. Éric ne nous accompagnait pas souvent. Il restait cloitré dans l'appartement et les vacances se passaient sans éclat. J'avais fait des enfants mon essentiel. Ma vie se résumait à satisfaire leurs besoins, à partager de bons moments avec eux, et à les protéger.

En septembre 1997, c'était la première rentrée scolaire d'Angélique. Je l'ai inscrite dans la même école que Thibault. Ce matin-là, je les ai accompagnés, nostalgique. Mon fils ayant très vite retrouvé ses copains, je me suis dirigée vers l'institutrice d'Angélique et je lui ai confié ma petite fille. J'étais émue, ma petite fille n'était plus un bébé. Maintenant, elle allait à l'école. Je l'ai vue vite s'intégrer dans un groupe de filles, et j'ai pu repartir l'esprit presque en paix.

*

Le mercredi après-midi, je me rendais souvent chez Maman. En arrivant, je lançais :

— J'ai fait un gâteau : on va se promener puis on goûtera !

Et nous voilà au bord de l'Eure, en compagnie de nos amis les canards. S'il pleuvait, nous regardions un film. J'avais inscrit Thibault dans un club de basket et Angélique à un cours de danse contemporaine. Ma mère m'accompagnait très régulièrement les mercredis pour leurs activités respectives. Cela nous permettait de passer un moment ensemble.

— On va boire quelque chose, ça va nous réchauffer. Ça te dit, Maman ?

— Oh oui. Tu sais, ça ne m'arrive pas souvent d'entrer dans un bar !

Le dimanche après-midi, nous allions à Chartres supporter l'équipe masculine de basket.

La chambre de mes parents était d'accès facile, et Maman y avait suspendu une photo de Lucie et Sylvain. Thibault et Angélique jouaient souvent dans cette pièce. Un jour, mon fils m'a interrogée sur l'identité de ces enfants :

— Je ne les connais pas, c'est qui ?

Je sentais les battements de mon cœur s'accélérer. Allais-je avoir le courage de dire la vérité ? J'ai respiré profondément avant de répondre :

— C'est Lucie et Sylvain, les premiers enfants de maman. Ils sont morts avec leur papa.

Il avait une petite voiture dans la main. Il l'a lancée et elle est venue s'éclater sur le mur.

— Ils ont eu un accident de voiture ?

— Oui, c'est ça...

Je portais en moi jusque-là un terrible secret qui me pesait. À cet instant précis, je me suis sentie plus légère. Mais une zone d'ombre venait d'entrer dans la vie de Thibault et d'Angélique. Un frère et une sœur dont ils ne soupçonnaient pas l'existence ont envahi leur univers.

Bientôt, les enfants ont consulté un pédopsychiatre, car je souhaitais qu'ils puissent s'exprimer sur la nouvelle qu'ils venaient d'apprendre. Depuis que Thibault connaissait la vérité, il était devenu plus coléreux et capricieux. Il me parlait de Lucie et Sylvain avec méchanceté. Je ne m'attendais pas à cette attitude. Je n'avais pas envisagé cette hypothèse. Le spécialiste m'a rassurée :

— Madame, vous savez qu'il est difficile de faire un deuil. Ça l'est encore plus quand il s'agit de quelqu'un que vous n'avez jamais connu, mais qui est si intimement lié à votre histoire.

Thibault pensait être l'aîné de la famille et il devenait le troisième de la fratrie. Angélique était plus jeune. Ses réactions ont été moins violentes dans un premier temps, mais elle en parlait beaucoup. Dès qu'elle a appris l'existence de Lucie et Sylvain, il ne se passait pas une année sans que je sois convoquée par les enseignants, intrigués par les propos d'Angélique.

*

Je croisais de temps à autre des membres de la famille de Jacky. La conversation tournait autour de moi, de mes enfants, du travail. À la fin d'année 1997, j'ai rencontré une de mes ex-belles-sœurs. Chantal était toujours ravie d'échanger avec moi. Je l'ai interrogée sur la santé de mes ex-beaux-parents.

— Le grand-père ne va pas bien, m'a-t-elle murmuré. Il a subi une intervention chirurgicale, et ce n'est pas la grande forme.

Depuis quelques mois, j'avais envie de les appeler et de leur rendre visite. Informée de la santé fragile du grand-père, j'ai précipité les événements. J'avais besoin de savoir s'ils accepteraient de me revoir, de me parler. Cette démarche devenait vitale, essentielle pour moi. J'ai appelé, stressée en composant le numéro. Et s'ils refusaient de me rencontrer ?

— Bonjour, c'est Patricia. J'aimerais vous rendre visite, si vous le souhaitez également.

— Oui, oui, pourquoi pas..., m'a répondu mon ex-belle-mère.

J'étais étonnée et rassurée à la fois :

— J'aimerais venir avec mes deux enfants, Thibault et Angélique. Est-ce que cela vous pose un problème ?

— Non, venez avec eux.

— Je peux passer vendredi soir ?

— Pas de problème.

J'ai raccroché. Je devais me préparer à les revoir !

Vendredi est arrivé très vite. Stationnée devant leur maison, j'ai expliqué aux enfants qui étaient les personnes à qui nous allions rendre visite. J'ai sonné. Mme Leroy a ouvert la porte, et nous nous sommes trouvées face à face. Rien n'avait changé dans la maison : ni les meubles, ni les tapisseries. J'ai pensé que cette visite improvisée était appréciée, car mon ex-belle-mère me souriait. Nous sommes entrés dans la maison, et j'ai présenté les enfants.

— Ils peuvent aller jouer dans la cour ?

— Pas de problème. Ils vont aller voir les poules.

Je les ai accompagnés dehors. Je voyais gambader Thibault et Angélique, et ça me rassurait. J'étais très émue. Mes deux enfants jouaient dans le même jardin où Lucie et Sylvain avaient couru. J'ai rejoint mes ex-beaux-parents dans la cuisine et, là, nous nous sommes parlé :

— C'est gentil d'être venue. Que faites-vous maintenant ?

— Je travaille dans un service comptable qui gère les centrales nucléaires du bord de Loire.

— Comment vont vos parents ?

— Papa fait toujours les marchés ou bricole avec mes frères. Maman se porte bien. Elle garde un peu les enfants de temps en temps.

Mme Leroy m'a parlé de la santé fragile de son mari, de sa dernière opération, de son jardin… Nous n'avons pas évoqué nos morts. Lucie et Sylvain n'étaient pas loin, je le sentais. Maintenant, j'étais détendue, j'étais à l'aise et je ne regrettais pas d'être venue. Je quêtais un pardon. Lequel ? Peut-être celui d'avoir quitté Jacky. Je ne savais pas. En tout cas mes ex-beaux-parents n'éprouvaient aucune colère envers moi.

Aujourd'hui, je sais que, grâce à cette rencontre, je leur ai apporté mon pardon : Ils souffraient tant d'être les parents d'un meurtrier…

27. L'ÉNORME FARDEAU

En août 1998, c'était l'anniversaire de Thibault. Il avait bientôt 6 ans et rentrait au CP. Éric n'avait toujours pas trouvé de travail. J'avais dans l'idée d'acheter ou de faire construire une maison. Je lui ai parlé de ce projet :

— J'ai envie de devenir propriétaire. Je te demande une dernière fois si tu as l'intention d'avancer dans la vie.

— Je ne sais vraiment pas.

J'ai commencé à visiter des maisons : aucun coup de cœur dans les propositions faites par les agences, et aucune participation d'Éric. J'ai décidé de mener le projet seule mais, financièrement, ça risquait d'être compliqué. Un jour, mon frère m'a annoncé :

— Il y a un terrain à vendre, près de chez moi. Il y a de quoi faire une jolie petite maison.

L'idée m'a séduite. Ce nouveau projet m'a stimulée. J'imaginais déjà ma future résidence : de grandes baies vitrées, de grands espaces à vivre, beaucoup de rangement... Cette maison sentirait bon la vie. J'étais remplie d'espoir. J'étais sur la bonne voie, c'était certain. Pourtant, je savais que je ne pouvais pas continuer à vivre ainsi : il était hors de question qu'Éric vienne s'installer dans ce nouveau logement. Dès lors, il fallait que j'accepte de lui laisser parfois Thibault et Angélique, autrement dit de lui faire confiance.

*

Pour Noël puis pour le Nouvel An 1999, je me suis rendue chez mes parents avec Thibault et Angélique, mais sans Éric. Les mois de cohabitation s'écoulaient et devenaient de plus en plus pesants : nous vivions chacun dans notre chambre. J'ai fini par fuir la maison, où je ne recevais plus personne, tant l'atmosphère était devenue oppressante.

Un jour, Éric est revenu de chez le médecin avec un diagnostic inquiétant :

— Patricia, j'ai vu le docteur. Je suis bipolaire ! Ça veut dire que je passe d'une phase maniaque à une phase dépressive...

Il avait enfin trouvé sa maladie, mais le médecin était incapable de prescrire des médicaments suffisamment efficaces pour stabiliser l'humeur de son patient. Tous les deux mois, Éric revenait avec un traitement différent. La maison était devenue une pharmacie ! Cette invasion allait finir par me rendre dingue : Éric voulait tout conserver « au cas où » ... Et moi, je pensais à nos malheureux enfants qui évoluaient dans cette atmosphère psychodramatique. J'avais du mal à accepter cette situation : j'avais peur que cette nostalgie m'envahisse. Et puis, était-ce un exemple pour les enfants ? Leur père n'était jamais disponible pour eux.

Au printemps 2000, j'ai rencontré quelqu'un. Un jour, nous nous sommes retrouvés à la piscine avec nos enfants respectifs.

Angélique s'est aperçue de la complicité que nous avions, lui et moi. Sur le chemin du retour, elle m'a demandé :

— C'est qui, ce monsieur ?

Maladroitement, j'ai essayé d'expliquer :

— Un ami. Tu sais, papa et maman ne sont plus vraiment ensemble, même s'ils vivent encore sous le même toit. Alors, chacun vit sa vie...

*

De retour à la maison, la soirée se passait tranquillement. Les enfants se sont couchés. Je suis montée à l'étage pendant qu'Éric était dans le salon. Soudain, j'ai entendu Angélique m'appeler, crier. Elle n'était plus dans sa chambre et je suis descendue la rejoindre.

Elle se trouvait face à son père... qui s'était scarifié le bras avec un verre ! J'étais terrifiée, triste et en colère. Découragée aussi. Cela ne s'arrêterait donc jamais ! Quand j'ai repris mes esprits, j'ai tranché :

— C'est superficiel. Va te désinfecter, Éric.

J'ai ordonné à Angélique de remonter à l'étage et je l'ai installée dans mon lit.

Près d'elle, cette nuit-là, je n'ai pas trouvé le sommeil. Angélique avait parlé à son père de ce qu'elle avait vu à la piscine, et elle s'était sentie responsable de son geste. Je la tenais près de moi, en la serrant très fort. J'étais déçue de moi, et je me suis décidée à parler à Éric. Cela ne pouvait plus continuer ainsi. Je nous sentais en danger. Je savais qu'il ne s'en prendrait pas à nous physiquement, mais son comportement n'en était pas moins traumatisant pour moi et surtout pour les enfants.

27. L'énorme fardeau

Le lendemain, Angélique semblait avoir oublié les événements de la veille. À l'abri des oreilles indiscrètes, j'en ai parlé à Éric :

— Trouve un appartement et pars. Je ne peux pas être en train de surveiller tous tes faits et gestes.

Il a paru comprendre mais souhaitait d'abord retourner à la clinique où nous nous étions rencontrés neuf ans plus tôt. Il y a séjourné quelques semaines en septembre et en est revenu apparemment apaisé. Je lui ai rappelé qu'il devait partir, et il est retombé dans sa mélancolie.

Fin 2000, quelques jours après Noël, il a donc émis l'idée de se faire hospitaliser en psychiatrie à Chartres, avec l'approbation de son médecin. 48 heures plus tard, il m'a appelé, suppliant :

— Il faut que tu me fasses sortir de là !

— Comment ça ? Ce n'est pas moi qui t'ai contraint à y entrer...

— C'est une vraie prison, je ne veux pas y rester. Tu vas rencontrer le psy. Tu lui diras que je n'étais pas bien parce que c'était les vacances scolaires, que les enfants étaient excités, que j'étais fatigué, et que je ne supportais pas le bruit. Il faut que tu sois convaincante, je veux sortir !

J'ai senti des menaces dans le ton de sa voix et j'ai compris ce jour-là que c'était un grand manipulateur. Je ne croyais pas ce que je venais d'entendre : il tentait de me culpabiliser et de me rendre responsable de son internement. Il me demandait de mentir au psychiatre en lui faisant croire que tout allait bien...

... et je lui ai obéi. J'étais déçue, écœurée, triste, d'accepter de faire des choses qui ne me ressemblaient pas. Éric est sorti le lendemain. J'étais dans tous mes états.

— Éric, je n'ai jamais voulu ton hospitalisation. Je souhaitais que tu ailles mieux, point barre ! Quel culot de mettre ton mal-être sur le dos des enfants ! Je suis vraiment dégoûtée...

— Comment peux-tu dire ça ? Je donnerais ma vie pour toi !

— Je ne t'en demandais pas tant. Il m'aurait suffi que tu veuilles vivre près de moi... Maintenant, j'ai ma dose. Prends tes dispositions et pars.

Jusqu'ici, de peur qu'il ne tente de se suicider, j'avais obéi à ses demandes au goût de chantage affectif. Avant qu'il me connaisse, il voulait attenter à ses jours. Pendant que nous vivions ensemble, la même menace, latente, existait. Peut-être passerait-il à l'acte après notre séparation, mais je ne pouvais pas me sentir éternellement responsable de son état de santé. Lorsque j'en ai pris conscience, je me suis sentie soulagée d'un énorme fardeau.

28. Les cartons défaits

En juin 2001, les travaux de terrassement de la maison ont commencé, avec mes frères aux commandes. Le jour de la première pelletée, je me suis déplacée pour concrétiser ce nouveau projet qui démarrait. J'ai pris une grande bouffée d'oxygène... Jusqu'au jour où le lieu de stockage de l'entreprise familiale a été totalement dévasté par un incendie. Les travaux ont dû s'arrêter à l'élévation des murs. Un malheur n'arrivant jamais seul, ma situation financière s'est dégradée. J'ai dû commencer à rembourser le crédit immobilier tout en assumant seule la scolarité des enfants et le loyer.

J'ai donc décidé de quitter la maison en fin d'année, pour retourner chez mes parents, tout en aidant Éric à se loger et à déménager. Il n'était pas si mal installé et semblait content de son nouvel appartement. Il vivait d'allocations. J'éprouvais le sentiment d'abandonner un enfant. Mais je n'avais pas le choix... et j'ai continué à le prendre en charge !

Ma petite tribu et moi nous sommes installés chez mes parents, ne sachant pas combien de temps la situation allait durer. Je me suis reposée sur ma mère. Cela m'a apaisée. Quand je rentrais le soir du travail, Maman avait préparé le repas et repassé le linge. J'avais plus de temps pour m'occuper de Thibault et d'Angélique.

Les enfants et moi rendions visite à Éric. Au début, nous passions une heure ou deux ensemble et nous prenions le goûter. Au fil des semaines, j'ai décidé de lui faire confiance et de lui laisser Thibault et Angélique quelques heures. À mon retour, je trouvais les enfants joyeux et épanouis. Éric me semblait enfin investi dans son rôle de père. Grâce à notre séparation, il était passé du statut d'enfant à celui de papa.

*

En mars 2002, les travaux de la maison ont repris. J'étais aux anges : je sentais que ma vie prenait un tournant différent.

En mai, je suis partie pour la Tunisie, en voyage organisé, avec des amis. Maman allait s'occuper des enfants pendant une semaine. J'étais enchantée par cette aventure, car ça faisait longtemps que je n'avais pas pris un peu de temps pour moi. Seule ombre au tableau : le sentiment d'abandonner les enfants. C'était la première fois que je partais sans eux, alors que j'allais « profiter de la vie ». Je les appelais tous les jours, et à mon retour, comme j'ai été heureuse de pouvoir de nouveau les serrer dans mes bras ! Mais j'ai remarqué que Maman me faisait un peu la tête... Un soir à table, alors que je racontais ma visite de Tunis, elle m'a lancé assez sèchement :

— Tu ferais mieux de t'occuper de tes enfants !

Cette remarque a jeté un froid. C'était injuste de me faire ce reproche. Je me consacrais si peu de temps... Je n'avais donc pas le droit de me faire plaisir ?

Un jour Éric m'a demandé :

— J'aimerais que les enfants passent une nuit chez moi. Es-tu d'accord ?

Je ne savais pas quoi lui répondre. Je n'étais pas emballée, mais j'ai cédé.

Ce samedi de mai, à 18 heures, j'ai déposé Thibault et Angélique chez leur père pour la nuit. Je suis rentrée chez mes parents, et je me suis assise dans le canapé en regardant la télé. J'attendais que le temps passe, en n'ayant qu'une hâte : celle de récupérer mes enfants le lendemain matin. Le passé s'invitait de nouveau dans mon présent, me rendant très anxieuse.

Ma mère a rajouté sa pincée de sel sur ma plaie :

— Je ne pense pas que ce soit une bonne idée d'avoir laissé les enfants, après ce qu'il nous est arrivé.

— Il n'y a pas de raison, Maman. Tout va bien se passer.

J'essayais de la convaincre, alors que moi-même je n'étais pas rassurée ! Si je refusais que les enfants voient leur père, j'allais passer à leurs yeux pour une marâtre. Ils avaient envie de voir leur papa, c'était certain.

Après une nuit blanche, j'ai appelé Éric et je lui ai demandé des nouvelles de la soirée.

— Tout s'est bien passé, m'a-t-il répondu. Les enfants se sont couchés un peu tard, donc ils dorment encore.

— Parfait. Je viens les chercher vers 14 heures, si cela te convient.

— Ça marche.

Éric n'avait pas l'habitude de s'occuper de Thibault et Angélique, et je savais qu'il prenait des anxiolytiques lui occasionnant des coups de fatigue pendant lesquels il laissait les enfants livrés à eux-mêmes. D'où ma joie de les retrouver et de les embrasser...

*

À la maison, la cohabitation devenait de plus en plus houleuse. Trois générations sous le même toit, c'était l'enfer. J'avais du mal à trouver ma place, autour de :

— Les enfants, taisez-vous, j'écoute les informations !

— Mais, Papy, nous on veut regarder *Plus belle la vie*…

Heureusement, les travaux de la maison avançaient, ce qui me rassurait et me permettait d'accepter cette situation inconfortable. Mon frère m'a promis un emménagement pour fin octobre.

Quand le grand jour est enfin arrivé, maman m'a prise à part et m'a dit :

— Tu as le temps pour t'installer… Il n'y a pas d'urgence : je ne te mets pas dehors !

— Je sais, Maman, mais le plus vite sera le mieux.

— Tu sais, ce n'est pas toujours facile avec ton père.

— Je m'en étais rendu compte…

Très vite, les chambres des enfants ont été aménagées, et tous les cartons défaits. J'avais atteint mon objectif.

29. La nouvelle perspective

Un nouvel épisode de mon existence commençait et me laissait entrevoir un avenir meilleur. Ce projet de construction avait donné une impulsion positive à ma vie. Je me sentais bien dans ce nid douillet que j'avais préparé avec soin et amour. La pièce principale était lumineuse et très spacieuse. Je voulais créer un jardin d'intérieur. J'ai donc acheté de nombreuses plantes vertes. C'était réussi !

Je pensais : « Les enfants se portent à merveille ; je suis enfin installée dans la nouvelle maison. Que puis-je espérer de plus ? Rien, vraiment. » L'urgence, c'était Thibault et Angélique : je devais être à la hauteur, indestructible, énergique, réactive. Les journées très remplies ne me laissaient pas le temps de réfléchir, de m'interroger.

Un samedi sur deux, je déposais les enfants chez Éric, ce qui me laissait un peu de temps pour moi. Certains de mes amis étaient seuls dans la vie. Du coup, le samedi, nous nous retrouvions à dîner, puis nous partions danser. J'ai passé de merveilleux moments d'amitié, de partage et j'ai adoré cette période. J'avais envie de rencontrer du monde, de me changer les idées, de m'amuser, de rire. Ces soirées pleines d'illusions m'aidaient à fuir un passé douloureux et à échapper aux questions fondamentales, que je n'étais pas prête à affronter.

Bien sûr, il m'arrivait toujours de penser à Lucie et à Sylvain : j'étais triste, je m'en voulais de réussir à trouver un peu de quiétude et de bonheur alors qu'eux n'étaient plus là. Puis je pensais à Thibault et Angélique, à leurs petites bouilles, à leurs sourires, à leurs mots d'enfant, et j'allais mieux.

Mais les cahots de la vie ne m'épargnaient pas pour autant. Un *week-end* où Éric devait prendre les enfants, il ne répondait pas à nos appels. J'ai tambouriné à sa porte, en et un peu inquiète.

— Éric, tu es là, je sais. Ouvre, tes enfants t'attendent.

Angélique se faisait elle aussi du mauvais sang, j'en étais sûre. Elle l'appelait en pleurant :

— Papa, c'est Princesse, ouvre-moi, je veux te voir !

Le silence qui a suivi m'a semblé une éternité. Enfin, il y a eu un bruit de clé dans la serrure, et la porte s'est ouverte. Éric, tête baissée, l'air penaud, est apparu dans l'entrebâillement.

— Papa, enfin !

Elle l'a embrassé et est partie devant la télé avec son frère pendant que je parlais avec Éric – en réalité, pendant que je l'engueulais :

— C'est la dernière fois que tu te comportes ainsi, ou tu ne les vois plus. Imagine dans quel état sont les enfants ! Ne l'oublie pas. Montre-toi responsable !

À présent, Thibault et Angélique souriaient. Moi, j'étais triste et impuissante à contrôler les excès d'Éric !

*

Quelques jours plus tard, j'étais en train de lire, assise dans un fauteuil, quand Thibault m'a interpellée :

— Maman, je crois que Jacky a fait exprès d'avoir un accident.

Sa phrase m'a laissée sans voix. Que savait-il ? La réponse me semblait évidente. S'il était aussi affirmatif, c'est qu'il connaissait la vérité. J'ai respiré profondément, puis je me suis lancée.

— Thibault, je pense que tu as entendu certaines choses, alors je vais te dire la vérité. Tu es encore un peu petit, mais tu es assez grand pour entendre ce que je vais te dire : oui, Jacky a fait exprès. Maintenant, je vais te dire toute la vérité. Ce n'est pas un accident : Jacky a tué Lucie et Sylvain avec une arme à feu, et il s'est tué après.

Le visage de mon fils s'est figé, et il a fait un bond en arrière. À cet instant, j'ai mesuré les dégâts provoqués par cette nouvelle terrifiante. Thibault s'est enfui dans sa chambre et s'est enfermé. Je l'ai rejoint. Il ne parlait pas. Je l'ai entouré de mes bras et l'ai tenu serré contre moi. Nous sommes restés blottis quelques minutes tous les deux, puis Angélique est rentrée de chez une copine. J'ai pensé que je lui en parlerai après le repas. Mal m'en a pris. À peine avais-je tourné le dos que son frère lui avait tout raconté.

Angélique a éclaté en sanglots. Elle criait et semblait terrifiée. À l'instant même, j'ai pris conscience des tempéraments et comportements si différents de mes enfants à l'annonce de la même nouvelle. Comment Thibault et Angélique allaient-ils gérer affectivement une telle horreur ? J'étais triste de les voir aussi bouleversés et, en même temps, je me sentais soulagée : tout était dit, ils *savaient*.

29. La nouvelle perspective

Le vendredi qui a suivi, les enfants devaient passer la soirée chez leur père, mais ce qui devait arriver est arrivé. Thibault refusait de bouger, expliquant :

— Maman, je ne veux plus aller chez Papa. J'ai peur qu'il me fasse du mal comme Jacky avec Lucie et Sylvain !

— Mon chéri, tu connais maintenant toutes les grandes souffrances que Maman a vécues. Penses-tu que je te laisserais aller chez papa, si j'avais le moindre doute, si je pensais qu'il était capable de vous faire du mal, si je n'avais pas confiance en lui ?

— Non, bien sûr !

— Alors, je crois que la seule personne qui puisse te rassurer, c'est papa. Il faut que nous allions en parler ensemble.

Éric m'a appelée rapidement. Il était furieux. Il me reprochait d'avoir dit toute la vérité aux enfants.

— Ils sont trop jeunes pour entendre ce que tu leur as dit. Ça les perturbe ! Thibault ne veut plus venir me voir...

— Il savait, ai-je rétorqué. Thibault savait. Il avait seulement besoin d'une confirmation. Son comportement est normal : tu es son père, et Jacky était le père de Lucie et Sylvain. On ne peut pas leur faire croire que ce drame n'a pas eu lieu. Maintenant, tu es le seul à pouvoir rassurer les enfants et il faut en parler ouvertement tous les quatre : toi, Angélique, Thibault et moi. À toi de trouver les mots justes pour les convaincre que jamais tu ne leur feras du mal. On arrive. Prépare-toi !

Ronchon devant ma réaction, Éric a néanmoins su parler à nos enfants avec tact et douceur. Tout est rentré dans l'ordre : la vie et son quotidien ont repris le dessus. Les enfants ont encore parlé de temps en temps du drame mais, très vite, le sujet a disparu des conversations.

*

En novembre 2004, ma mère a perdu beaucoup de poids. Elle a été envoyée à Paris passer des examens approfondis. Le médecin nous a convoqués pour nous annoncer la gravité de la situation : maman avait un cancer.

— La tumeur n'est pas opérable. Les chances de guérison sont faibles. Désormais, je vous conseille de profiter de l'instant présent tous ensemble.

Je savais une chose : il faut aimer ses proches tant qu'ils sont en vie pour n'avoir aucun regret. Après sa première chimio, Maman s'est trouvée en rémission.

— J'ai envie d'aller me promener, lui ai-je proposé. Tu nous accompagnes ?

— Oh, ça me ferait du bien. Il fait beau. Mais on va à mon rythme...

Nous étions un dimanche de mars, et nous nous sommes retrouvés sur les bords de l'Eure avec les enfants. La végétation était en pleine renaissance. La nature reprenait ses droits. Les premières fleurs avaient fait leur apparition. Ça sentait bon la vie.

Assises sur un banc, nous étions bien, toutes les deux, quand Maman m'a demandé :

— Que s'est-il passé pour que Jacky fasse ce qu'il a fait ?

— Rien, Maman, rien qui puisse justifier son acte criminel. Personne ne mérite de vivre une telle épreuve, tu sais.

« La grande question », celle que beaucoup de gens devaient se poser bien sûr : fallait-il que, moi, j'aie fait quelque chose pour que Jacky assassine ses propres enfants ? Avais-je « mérité » une espèce de punition qui m'aurait été infligée par le destin ? L'avais-je cherchée ? À cette question, voici ma réponse : la terre serait dépeuplée si, à chaque séparation, le père tuait sa progéniture... J'étais la coupable idéale, vu que j'étais restée en vie. Pour bon nombre de gens, je devais avoir commis de grandes fautes ! Mais je ne crois pas en un *karma* en vertu duquel deux enfants innocents auraient été punis à ma place.

Non.

Jamais rien ne pourra expliquer, légitimer justifier, qu'un homme soit capable de préméditer la mort de ses enfants. Cela prouve seulement qu'il était atteint mentalement. Pas que sa conjointe était coupable. Le seul fautif, c'est lui.

*

Au travail, chaque année, dans le cadre d'un entretien individuel, nous étions amenés à discuter de nos objectifs, entre autres de statuer sur notre mobilité, professionnelle ou géographique. Au bureau, les nouvelles étaient peu encourageantes quant à l'activité et au devenir du site de Chartres. Je m'interrogeais. Que faire ? M'éloigner de la Beauce et de ma famille, ou faire le choix d'attendre que d'autres personnes décident de mon sort ?

Mon choix s'est orienté vers un départ. Je doutais de mes compétences professionnelles et de ma capacité à m'adapter à d'autres personnes, dans un métier différent, dans un univers inconnu. Je pensais que mes collègues et mes supérieurs me ménageaient en raison de mon passé. Et puis ma mère était malade... C'est elle qui a décidé pour moi :

— Si tu dois quitter Chartres pour le travail, pars. Ne reste pas pour moi.

Maman semblait aller mieux. J'ai donc décidé d'informer ma direction de ma mobilité. Et, un matin, j'ai constaté qu'un poste de comptable était vacant à Toulouse. Ce site administratif gérait entre autres les centrales hydrauliques du sud-ouest. J'étais ravie : la Méditerranée, les Pyrénées, l'océan, l'Espagne étaient très proches, et l'idée de partir pour la Ville rose m'a séduite. J'ai donc postulé – même si Thibault n'était pas heureux à l'idée que nous pourrions déménager ! –, et mon profil a intéressé le site de Toulouse. J'ai été convoquée début juillet 2005.

Au bout d'une semaine, la nouvelle est tombée : j'allais être mutée le premier septembre. Branle-bas de combat, d'autant que je partais en vacances en Corse deux jours plus tard ! Dans ma tête, ça fusait dans tous les sens : je devais trouver un logement, une école pour les enfants, organiser le déménagement... C'était une joyeuse panique. Je restais motivée et heureuse de ce nouveau départ.

Maman a appris la nouvelle avec satisfaction. Éric beaucoup moins :

— Tu veux m'éloigner des enfants.

— Mais non ! Il me fallait partir pour le travail. Tu verras les enfants pendant les vacances scolaires.

Il cherchait à me culpabiliser. J'avais beau ne pas être dupe du personnage, son astuce fonctionnait un peu !

— Éric, ce serait peut-être l'occasion pour toi de te rapprocher de ton frère et de retourner à Angers.

Il boudait, mais il a fini par se faire une raison et suivre ma suggestion.

Maman se portait mieux. Peut-être parce que ça m'arrangeait, j'ai voulu croire que le cancer n'était peut-être pas si horrible qu'annoncé.

J'ai visité un appartement agréable, lumineux, bien placé, près de Toulouse. J'étais proche de mon travail et des établissements scolaires. Je ne pouvais rêver mieux. L'idée de quitter Chartres plaisait à Angélique, mais Thibault était en colère. Moi aussi, j'avais des craintes, mais j'avais confiance en l'avenir. J'aimais les défis. Cette nouvelle perspective m'apportait l'espoir d'un renouveau.

30. La petite bataille

Peu après, Sylvie a organisé une fête surprise avec mes frères, neveux et nièces. Ce soir-là, mon père, ayant un coup dans le nez, était agressif à mon encontre. J'étais triste de son comportement. Je ne comprenais pas et je n'ai pas osé lui demander pourquoi. Le lendemain, c'était le départ. Après avoir embrassé mon père et ma mère, j'ai pris la route avec les enfants. Dans le rétroviseur, j'ai vu Maman qui me faisait signe.

Arrivée au stop, j'ai tourné à gauche en direction du cimetière et je suis allée sur la tombe de Lucie et Sylvain. Je n'aurais pas quitté Chartres sans dire au revoir à mes deux petits :

— Je ne pourrai pas venir souvent, leur ai-je confié tout haut.

Puis j'ai repris la direction de Toulouse, et je me suis mise à pleurer. Je n'arrivais pas à oublier l'attitude de mon père. En plus, j'avais peur de l'inconnu qui m'attendait. Je me sentais débordée. Serais-je à la hauteur ? Je me suis arrêtée sur une aire d'autoroute et j'ai appelé ma mère :

— Coucou, Maman, je suis à mi-chemin. Dis-moi, pourquoi Papa me parlait aussi mal hier soir ?

— Tu sais, il n'est pas d'accord avec ton choix. En plus il pensait que tu n'irais pas au cimetière.

— J'y suis allée.

— Je lui dirai.

J'étais sonnée. Toujours ce fichu sentiment de culpabilité... J'ai repris la route, et j'ai rangé ces propos maladroits dans un coin de mon cerveau. Je suis arrivée à Toulouse. Les enfants sont tombés sous le charme de notre logement, d'autant que...

— Maman ! Maman ! Y a une piscine dans la résidence ! On reste là pour toute la vie !

*

Thibault et Angélique ont démarré les cours sans retard. Ensuite, ç'a été mon tour de reprendre. J'ai fait connaissance avec mes nouveaux collègues. Ils m'ont très bien accueillie. Mes craintes se sont évanouies. Je me suis trouvée au sein d'un service jeune et dynamique. J'étais ravie. Bien évidemment, les hommes du service aimaient le rugby :

— Tu es déjà une vraie Toulousaine !

— Pourquoi ?

— Tu portes les couleurs du Stade.

— C'est vrai, j'adore le rouge et le noir !

Très vite, nous avons pris nos marques. Bien sûr, je n'avais pas d'amis sur place, mais j'étais persuadée que, par l'intermédiaire des enfants, je ferais des connaissances. J'ai beaucoup aimé l'automne toulousain, alors que je détestais cette saison à Chartres. Le climat était doux et il me semblait avoir fait le bon choix.

Je me trouvais dans un supermarché quand Angélique m'a montré une fillette en me chuchotant :

— Maman, c'est Mathilde, ma copine, je veux l'inviter pour mon anniversaire. Tu peux le demander à sa mère ?

Je me suis exécutée. Rendez-vous a été pris pour le 12 décembre à Cugnaux. Angélique était heureuse, elle qui aimait tant être entourée de ses copines. Thibault n'était pas mécontent non plus : il appréciait beaucoup d'être le seul garçon au milieu de toutes ces demoiselles.

J'ai fait la connaissance des parents de Mathilde qui sont devenus mes amis. À compter de ce moment, nous passions toujours un moment ensemble le *week-end*.

La vie s'écoulait doucement, bercée par la douceur du climat. Les enfants faisaient preuve de beaucoup d'enthousiasme... sauf pour l'école !

*

Pour la Noël 2005, nous sommes remontés à Chartres une semaine. Toute la famille s'est réunie pour cette fête, heureuse de se retrouver autour d'une jolie table dressée pour l'occasion. Une ombre planait : et si c'était le dernier Noël avec Maman ?

En effet, quelques semaines plus tard, ma mère a rechuté. Elle a subi une autre chimio. Hélas, ce traitement n'a pas produit l'effet escompté. En avril le médecin nous a annoncé :

— Il n'y a plus de traitement possible. Nous ne pouvons plus lui administrer d'autre chimio. C'est une question de jours.

Le verdict était tombé.

Ma mère allait mourir.

Durant les vacances de Pâques, je suis remontée à Chartres. Elle m'a prise à part :

— Patou, si je meurs, je ne veux pas me faire incinérer : je veux être à côté des enfants.

— Très bien, Maman. Tu as bien fait de me dire ce que tu souhaitais. Je vais m'en occuper.

Je la sentais rassurée. L'après-midi même, elle est rentrée à l'hôpital, et je suis restée quelques semaines à Chartres.

Maman est partie en paix.

La cérémonie a eu lieu le 18 mai, et ça a été un moment très émouvant, en famille.

Dès la fin de la semaine, je suis repartie pour Toulouse. Les enfants devaient reprendre les cours. Moi, je devais travailler. J'étais dans un grand état de fatigue, j'étais au bord de l'épuisement et je ne trouvais plus le sommeil. « Patricia, tu ne vas pas te laisser abattre maintenant. Les enfants ont besoin de toi ! », me suis-je dit.

Je souffrais du décès de ma mère. Je me sentais si fragile, si seule, sans elle. Un soir, en rentrant du travail, mon fils était devant l'ordinateur et n'avait pas fait ses devoirs.

— Thibault, tu laisses l'ordinateur et tu te mets au boulot.

— Plus tard.

— Non, maintenant.

J'avais remarqué que depuis quelques mois Thibault avait pris de l'assurance, surtout avec moi. Il me tenait tête violemment, et j'ai pris conscience que j'avais peur de ses comportements. « Tu ne dois pas laisser passer ça, si tu ne veux pas perdre ton fils », ai-je pensé.

— De toute façon, je prends l'ordinateur, j'en ai besoin.

Mon fils s'est levé, furieux. J'étais décidée à aller au bout. Je me suis retrouvée face à lui, les yeux dans les yeux. Nous étions si proches que nos corps pouvaient se toucher. Les secondes se sont écoulées lentement. Elles m'ont semblé durer une éternité. Mon fils a enfin baissé les yeux et s'est dirigé vers sa chambre. J'ai compris que j'avais gagné une petite bataille. Je devais rester vigilante pour ne plus me laisser déborder. Preuve que j'ai bien agi : après cet événement, nos relations se sont apaisées. Que rêver de plus, quand on est maman ?

Troisième partie : Vers la liberté

31. La joie d'être aimée

J'ai rencontré Bertrand en septembre 2006. Son physique agréable m'a plu de suite. Son caractère aussi, à un détail près, qui n'en était pas un : cet homme était alcoolique et violent.

Nous nous sommes fréquentés quelques mois mais, très vite, j'ai souhaité mettre un terme à notre relation. Il ne l'a pas supporté et m'a prévenu au téléphone :

— Je vais te tuer !

— Moi, tu vas me tuer ? ai-je répété, sidérée.

J'ai entendu du bruit et des cris autour de moi. Mes enfants étaient présents dans la pièce et avaient surpris la conversation. Ils étaient paniqués ! Pour notre bien et notre sécurité, j'ai raccroché et tâché de faire bonne figure. Je me suis promis de ne plus jamais parler à cet individu. Sauf que Bertrand n'allait certainement pas l'entendre de cette oreille. Après sa tentative d'intimidation au téléphone, j'avais peur qu'il mette ses menaces à exécution. L'idée de laisser les enfants vivre dans ce climat d'insécurité m'était insupportable. Comment allais-je pouvoir les rassurer – et les protéger ?

Dans les jours qui ont suivi, Bertrand s'est lancé dans la campagne de harcèlement et de menaces que j'avais anticipée. C'était si bas et si lâche que je ne veux même pas en raconter les moments saillants dans ce livre. Malgré mon attachement pour la belle ville de Toulouse, j'ai commencé à envisager de déménager une fois de plus.

Un matin, j'ai téléphoné à mon frère pour son anniversaire. Il semblait bouillonner de projets. J'ai lancé :

— Un an de plus, mais tu as toujours l'air d'avoir la pêche !

— Merci, sœurette ! Dis donc, c'est chouette que tu appelles, j'avais une question à te poser.

— Je t'écoute.

— Quand vas-tu te décider à venir travailler avec nous ?

— T'es sérieux ?

— Tout ce qu'il y a de plus sérieux.

— Pourquoi tu me demandes ça maintenant ?

— Il va nous falloir une secrétaire.

— Ça tombe bien, je cherche à quitter Toulouse, mais j'aurai besoin d'un peu de temps pour m'organiser.

— Bah, on n'est plus à quelques mois près, maintenant.

Donc, en novembre 2007, j'ai apporté ma lettre de démission à mon responsable hiérarchique ; et le 14 février 2008, j'ai déménagé. La dernière quinzaine m'a paru interminable. Le jour J, j'ai pris la route en direction de l'Eure-et-Loir. Chaque kilomètre que je parcourais m'éloignait de Bertrand et de mes angoisses. Je ne doutais pas un instant que je partais pour vivre une autre aventure, et j'en étais ravie.

*

De retour dans la Beauce, nous nous sommes installés tous les trois chez mon père, à Morancez. La cohabitation est vite devenue très mouvementée ; et la situation ne s'est pas arrangée quand Thierry a eu un accident de voiture avec sa fille Marielle. Celle-ci était grièvement blessée. Pourtant, quelques mois plus tard, elle a repris ses cours et a enchaîné les succès. Après son bac et son permis, elle a trouvé un travail dans un bureau d'étude, à Paris.

Malgré mes soucis et mes chagrins, j'ai fait la connaissance d'un homme, puis d'un autre. J'ai vécu deux belles histoires. Hélas, je ne me sentais pas à ma place avec eux. Je n'acceptais pas l'amour qu'ils me portaient. Alors, je me suis détournée, estimant repartir sur de fausses pistes. J'avais l'intuition douloureuse que ma vie faisait du surplace... jusqu'à ce jour de septembre 2011 où, déambulant dans les rues de Chartres, l'âme en peine, je me suis arrêtée devant le pas-de-porte d'un institut capillaire. Je suis entrée, et j'ai expliqué que je perdais mes cheveux depuis quelques mois.

Delphine a très vite compris mon silence, mes doutes, mes peurs. Après un diagnostic du cuir chevelu, elle m'a conseillé un soin adapté. Depuis ce mois de septembre 2011, je lui ai confié ma tête, contenant et contenu ; mais c'était mon âme qu'elle soignait. Au rythme des visites, la confiance s'est installée entre nous. Nous échangions sur nos peines, nos joies et nos enfants. Lors d'un de nos rendez-vous, Delphine m'a conseillé un thérapeute. C'était une piste.

Néanmoins, je n'étais pas au bout de mes mauvaises surprises – les mots sont faibles. Alors que j'attendais Angélique dans la salle d'attente du médecin, mon portable a sonné. Le nom d'Éric est apparu sur l'écran. Un peu agacée, j'ai décroché.

— Allô, Éric ! Je ne peux pas te répondre, je suis dans la salle d'attente du médecin...

— C'est pas Éric, c'est Denis. Il est arrivé quelque chose de grave à Éric.

— Grave comment ?

— Il a fait un malaise cardiaque. On n'a pas pu le réanimer. Il est mort.

J'étais choquée. Aussitôt, j'ai pensé à nos enfants. J'ai toqué à la porte du cabinet, et je suis entrée pour apprendre à ma fille le décès de son papa. Angélique s'est effondrée et a eu une crise de nerfs. Nous sommes reparties avec une prescription d'anxiolytiques. J'étais également très accablée, et je me remémorais les circonstances de notre rencontre. Ce 5 septembre 2014, comme tous les ans, Éric m'avait envoyé un petit message : « Je pense à toi en cette journée qui a bouleversé ta vie. »

Quand je lui ai annoncé la nouvelle, Thibault, à l'inverse de sa sœur, s'est muré dans un mutisme total durant de longs jours. Chacun encaisse comme il peut, comme il sent. Quelles que soient nos réactions, le chagrin et le choc de la perte d'un être cher n'en sont pas moins rudes.

Les funérailles ont eu lieu le 12 septembre, 24 ans jour pour jour, après notre rencontre. Éric avait 48 ans. Je voyais mes enfants submergés de chagrin, et je me sentais impuissante. Comment apaiser leur douleur ? Je les ai épaulés du mieux que j'ai pu. Hélas, je savais que personne ne remplacerait leur père, comme rien n'effacerait mon chagrin de ne pas avoir sauvé Lucie et Sylvain.

Je vivais avec ce sentiment d'inachevé, de raté. Je devais donner à Thibault et à Angélique une chance de pouvoir construire le meilleur avenir possible. À l'écoute des autres, je m'étais éloignée de mes propres désirs sans essayer de comprendre pourquoi. Je passais par des comportements extrêmes : j'étais à la fois forte et fragile, solide et vulnérable. Mes enfants étaient devenus plus indépendants, ce qui me perturbait. J'avais perdu mes repères.

Je ne voyais aucune perspective d'avenir, je me sentais vide, étrangère à ce qui m'entourait. J'étais seule. Une idée germait, mais je n'étais pas encore prête. La peur était encore trop forte. J'ai pris mon courage à deux mains et j'ai décidé de suivre les conseils de Delphine. J'allais suivre une thérapie et, cette fois, j'irais jusqu'au bout.

Il m'avait fallu vingt-cinq ans pour affronter la vérité et me retrouver face à moi-même. J'avais peur des mots que j'allais dire, de ceux que j'aurais du mal à prononcer. J'avais peur des souvenirs. J'avais peur des souffrances qui allaient ressurgir inévitablement. Cependant, je souhaitais atteindre l'objectif que je m'étais fixé : vivre bien et trouver la paix. Demain, je voulais exister, sourire sans en avoir honte, rire sans culpabiliser, éprouver du plaisir sans gêne. Je voulais vivre avec l'envie d'aimer et la joie d'être aimée.

32. La douleur du passé

Le psy m'a accueillie avec des encouragements. Plus que de médicaments ou de conseils zen, c'est exactement ce dont j'avais besoin. À compter de ce jour, chaque semaine, je suis allée consulter Laurent. Je lui racontais ma vie comme s'il s'agissait d'une histoire, d'un fait divers que j'avais lu dans les journaux.

Ces derniers mois, j'étais devenue un zombie, un robot qui se nourrissait, respirait, travaillait, par habitude. J'étais si loin de mes émotions. Pire, j'avais peur de ce sentiment étrange. Et puis, petit à petit, je suis entrée dans mon histoire, dans ma vraie vie. La mienne, pas celle des journaux. Avec l'aide de Laurent, j'ai décortiqué mon enfance, débroussaillé ma vie à la serpe. J'ai compris que rien ne me prédisposait à ce drame, ni mon enfance, ni ma jeunesse, ni ma famille Pour survivre, j'avais accepté de porter une croix, une responsabilité qui ne m'appartenait pas. J'avais endossé une armure pour me protéger de la douleur. Grâce à mon thérapeute, j'ai compris que Jacky était et resterait le seul coupable.

Enfin, de guerre lasse, j'ai déposé les armes et dénoué mon habit de guerrière. J'ai regardé la vérité en face, les mensonges, les manipulations, les violences morales de cet homme qui ne savait pas combien belle est la vie quand on sait l'accueillir; et j'ai à nouveau laissé la place aux émotions. Au fil des séances j'ai compris que Jacky m'avait manipulée au-delà de sa mort: en réalité, j'étais une victime innocente et non une coupable.

Laurent m'a parlé de Boris Cyrulnik. J'ai lu *Un merveilleux malheur* et *Parler d'amour au bord du gouffre*. À eux seuls, les titres me parlaient. Ce qu'ils abritaient résonnait en moi. Je me suis familiarisée avec le mot « résilience », et j'ai saisi un peu mieux le caractère extraordinaire de mon attitude, face au drame. J'ai pris conscience, grâce à ces livres, de la force qui m'a été transmise par mon histoire, ma famille, mon éducation, mes enfants. En me plongeant dans l'histoire d'autres personnes qui ont survécu à des épreuves, je me suis sentie moins singulière.

Pour atteindre ce résultat, je me suis mise en *stand-by* pendant deux ans. J'ai écrit, je me suis interrogée, et j'ai rêvé souvent. Déconnectée, je l'ai été. Grâce à la force de vie qui m'animait, à mon courage et ma volonté, j'ai vécu une belle aventure: aller à ma rencontre! Je me suis reconnectée à moi-même. Grâce à l'aide de Laurent, j'ai appris à reconnaitre les mécanismes qui alimentaient et empoisonnaient mon existence: le reproche, la dévalorisation, le sentiment de ne jamais en faire assez pour les autres. J'ai commencé de les cerner et entrepris de les combattre en disant « non » sans culpabiliser.

Jamais je ne serai totalement guérie, mais j'ai accepté la mort de Lucie et Sylvain. J'ai accepté de faire mon deuil. Comment appelle-t-on un parent qui perd la chair de sa chair, le sang de son sang? Aucun mot du dictionnaire n'est assez juste et précis pour exprimer la perte de son enfant. Mais je savais aussi que l'horreur ne s'arrêtait pas à ma petite personne.

Le 14 novembre 2015, une journée après cet attentat qui a paralysé la France, Paris et les Français, je suis restée scotchée au poste de télévision. Des scènes de violences filmées passaient en boucle, et les médias répétaient en continu des nouvelles terrifiantes.

J'étais comme aspirée par le poste de télévision. Ces actes de barbarie me bouleversaient et me terrorisaient à la fois. Je pensais aux familles qui avaient perdu un être cher. Cet événement me reliait à ma souffrance, à mes blessures. J'ai prié pour chacun des parents qui apprenait la mort de son enfant et qui allaient devoir y survivre, épreuve anormale de la vie. Ces attentats ont été pour moi un électrochoc : « Je vais écrire maintenant. Je veux comprendre l'histoire de ma vie et pourquoi ce drame est arrivé. » Je me suis identifiée à ces parents, à ces victimes. Je voulais parler de mon amour éternel pour Lucie et Sylvain, morts si injustement.

Longtemps, quand on me demandait : « Combien avez-vous d'enfants ? », je répondais :

— Deux, Thibault et Angélique.

Je ne citais pas les deux aînés, par peur d'installer un malaise, et d'être obligée de raconter. Après quoi, je culpabilisais. J'avais le sentiment de les renier ou de ne pas assumer. Pourtant, je les aimais tous les quatre ! Il était indispensable que Thibault et Angélique apprennent l'histoire de ma vie. Ils devaient savoir combien me lever chaque matin était une épreuve, combien je me suis sentie abandonnée, désemparée, seule. Du jour au lendemain, j'ai dû faire face à l'absence de Lucie et Sylvain, au silence des uns, à la bêtise des autres. J'ai résisté. J'ai serré les poings et les dents ; et j'ai survécu.

*

Malgré ma volonté d'écrire, j'ai mis du temps à démarrer. Quand je me suis lancée, j'ai commencé à prendre conscience du bien-être résultant de l'écriture, et j'ai passé des soirées puis des *week-ends* à écrire.

Durant cette période, j'ai fait la connaissance de Romain, avec lequel j'ai partagé des activités sportives. Il m'a présenté l'une de ses amies, Liliane. Aussitôt, j'ai compris que cette femme serait une personne déterminante dans ma vie. Nous avons parlé des heures au téléphone. J'avais terminé l'écriture initiale de mon livre et je lui ai demandé de le lire, ce qu'elle a accepté volontiers. Mi-juillet 2016, j'ai passé deux jours avec elle. J'appréhendais cette journée. Liliane aussi, par peur de me faire plonger dans un passé tortueux.

Nous avons passé des heures à parler, à décortiquer des passages de mon histoire, qui n'étaient pas clairs pour elle et, finalement, pour moi non plus.

En quittant Liliane, ce 14 juillet 2016, j'ai ressenti une grande paix et une joie profonde. J'avais peur de la mort depuis quelques mois. Pourquoi ? Jusqu'ici, je ne savais pas l'expliquer. Grâce à mon thérapeute et à Liliane, je comprenais : il restait une place dans le caveau familial. En 1990, il avait été conçu pour accueillir un corps supplémentaire : le mien. Je voulais être, un jour, avec Lucie et Sylvain, c'était certain. Mais l'idée de me retrouver avec Jacky me terrifiait. C'est alors qu'un projet a germé en moi :

— Voilà, les enfants. Je vais organiser une journée pour Lucie et Sylvain. Ils seront incinérés. Ce sera une belle cérémonie !

— N'importe quoi... Pourquoi tu veux faire ça ?

Thibault et Angélique me regardaient tous les deux avec surprise. Je ressentais une peur naissante, de l'incompréhension. J'ai expliqué :

— Il faut que vous sachiez que je n'ai pas envie de mourir. Si je venais à partir demain, on m'enterrerait dans le même caveau que Lucie et Sylvain, mais je ne veux pas être avec Jacky. Je veux être incinérée.

— Je ne serai pas là à la cérémonie, Maman : ce n'est pas mon histoire, m'a répondu Thibault.

— Tu fais comme tu veux. Ce que tu dis n'est pas tout à fait juste. Cependant, j'accepte ta décision.

— C'est énorme ce que tu fais là, maman, m'a dit Angélique. Énorme et surtout bizarre, mais je serai là.

Je me sentais mal, car je comprenais que Thibault et Angélique étaient décontenancés ; mais je me suis promis de leur réexpliquer le fondement de mon projet ; et, courant septembre, je me suis renseignée auprès d'une amie, Noémie, employée dans une entreprise de pompes funèbres.

Elle m'a confirmé que cette démarche était tout à fait envisageable. Nous nous sommes rencontrées pour en discuter de vive voix.

— Patricia, m'a-t-elle dit, nous pouvons organiser ce que tu souhaites faire et nous occuper de toutes les formalités administratives. As-tu réfléchi à une date ?

— Je me doute qu'un tel événement ne peut pas s'organiser pour la semaine prochaine, ai-je admis. Néanmoins, je ne souhaite pas non plus que ce soit dans un an.

— Alors, pourquoi pas le 22 mars ? Il me semble avoir noté que c'est la date anniversaire de Lucie…

— En effet, c'est une excellente date. Allons-y pour le 22 mars 2017 !

Après quelques mises au point sur le déroulement de la journée, j'ai quitté Noémie, l'esprit serein, heureuse, pleine d'énergie. Je souhaitais que cette cérémonie soit un hommage à Lucie et Sylvain, digne de leur innocence.

*

Une idée a germé dans ma tête. Quelques années plus tôt j'avais assisté à l'enterrement d'une de mes tantes. À l'église, Dominique, mon cousin, avait joué de la guitare. C'était un moment de toute beauté, inoubliable. Je lui ai envoyé aussitôt un courriel pour le solliciter. Il n'a pas tardé à me répondre qu'il viendrait jouer et passer quelques jours à Chartres avec son épouse. J'ai ajouté : « Je te fais confiance pour le choix des morceaux. Je veux que la musique reflète l'amour que j'éprouve pour mes quatre enfants, le désir de vivre qui m'anime, l'espoir que demain sera meilleur encore. »

À ce moment précis, j'ai su que j'étais dans la vérité. Je me sentais en harmonie avec moi-même. Cette journée serait une réussite. Le jour-même, j'ai dit timidement, la voix hésitante, à mes frères et à ma sœur :

— Je vous fais part de mon intention de faire incinérer Lucie et Sylvain, le 22 mars. Je souhaite que vous soyez présents, ainsi que vos enfants.

Sans masquer leur étonnement, ils m'ont promis qu'ils seraient là. J'ai également convié les personnes que j'avais côtoyées, depuis

26 ans, et qui ont compté dans ma vie. Beaucoup ont confirmé leur présence.

J'étais heureuse. J'écrivais toujours mon livre et je me remémorais les détails magiques de mon histoire, les moments douloureux et le drame, bien sûr... Je reconstruisais ma mémoire endormie. J'allais toujours voir Laurent, mon psychothérapeute, qui continuait à me guider sur le chemin du mieux-être. Grâce à lui, j'arrivais à me « réparer », à défaut d'effacer mon passé. Je lui parlais de ma vie, de mes démarches, de mes peurs insidieuses, de mes enfants. Il me donnait les ficelles pour résoudre mes difficultés, panser mes blessures et améliorer ma façon d'appréhender la réalité.

*

Novembre 2016 est arrivé. Je recherchais quelqu'un pour m'aider à affiner mon texte, en améliorer l'écriture et la compréhension. En surfant sur Internet, j'ai trouvé la personne qui allait m'accompagner dans mon projet d'écriture. Après avoir lu mon manuscrit, Thierry m'a répondu :

« Je vous propose du *coaching* littéraire. Nous allons nous rencontrer une fois par semaine et je vous aide à écrire votre autobiographie, en corrigeant les fautes et en vous apportant des conseils généraux pour améliorer votre écriture. Ensemble, nous décidons des modifications, des ajouts ou suppressions d'un passage. Je suggère sans imposer. »

Cette dernière phrase a fait la différence. Très rapidement, j'ai exprimé à Thierry mon désir de travailler avec lui. Cette aventure me plaisait, répondait à mes attentes. J'étais persuadée que cette expérience me serait salutaire. En effet, la rédaction de mon livre a été une réelle thérapie, différente et complémentaire de celle suivie avec Laurent. Je ne cesserai jamais de vanter les mérites de l'écriture et de la psychothérapie. Grâce à elles deux, je me suis libérée de mon passé douloureux.

33. LES VISAGES SOURIANTS

Fin janvier 2017, je suis allée chercher le petit reliquaire ainsi que l'urne. Je tenais à les personnaliser avec les dessins réalisés par ma petite Lucie et mon petit Sylvain.

Le 14 février, j'étais avec ma fille, le nez dans ma valise de souvenirs quand elle m'a proposé de m'aider. Durant trois heures, nous avons choisi, découpé, assemblé et collé les images. Ensemble, nous avons réussi à tapisser le cercueil de magnifiques couleurs qui lui donnaient un air de fête. J'étais heureuse d'avoir passé ce moment avec Angélique.

Le reste du temps, ma vie s'organisait entre mon travail, mes rendez-vous avec mon *coach* littéraire et ceux avec mon psychothérapeute. Un dimanche de mars, j'ai invité mon neveu Romain avec sa femme et sa fille Automne. La plupart de mes neveux et nièces étaient devenus parents, et c'était génial. J'ai entendu frapper à la porte doucement :

— C'est qui ?

C'était Automne. J'ai ouvert et je l'ai serrée dans mes bras, avant de lancer à Thibault et Angélique :

— Je vous préviens, je veux la même beauté en version petite-fille !

— Ben t'as un peu de temps d'vant toi ! m'ont-ils rétorqué.

Blague à part, j'ai compris que j'étais prête à passer le relais à Thibault et Angélique. Oui, j'étais prête à devenir grand-mère. L'idée que mes enfants deviennent parents ne me semblait plus saugrenue. Cela a été une grande avancée pour moi : quelques mois auparavant, j'aurais été incapable d'admettre cette éventualité. Ce changement de perspective était la démonstration que j'acceptais que la vie continue à travers mes enfants et leur future descendance.

Bien m'en a pris ! Un soir, je préparais le repas dans la cuisine, quand Thibault m'a fait ce reproche :

— Tu nous as trop couvés : nous ne sommes pas capables de nous débrouiller seuls. Je trouve complètement irresponsable de nous avoir donné naissance.

— Irresponsable ?

— Bah, oui, compte tenu des circonstances, et de toute l'affaire...

— En fait, tu es en train de me dire que je n'avais plus qu'à me suicider ?

— Pas exactement ! Tu dramatises...

Peu de temps après, Thibault, qui avait fait une demande de logement, a reçu un courrier dans lequel on lui proposait un appartement. Nous sommes allés le visiter ensemble. Mon fils m'a demandé ce que j'en pensais. J'ai joué franc jeu :

— Je trouve ce logement bien situé. Il est bien conçu et propre. Il a une chambre séparée comme tu le souhaitais. C'est une proposition intéressante, tu ne trouves pas ?

J'avais un pincement au cœur, mais j'étais contente : à près de 25 ans, il était temps que Thibault prenne son indépendance. Il était prêt à quitter la maison parce qu'il savait que j'allais mieux. Même mon fils bénéficiait, par ricochet, du travail thérapeutique que j'effectuais depuis un an.

2017 allait être l'année du renouveau, pour tous les trois, j'en étais plus que convaincue. Le déménagement a eu lieu le 10 mars. Je sentais Thibault motivé, et cela me faisait tellement plaisir...

*

Le 22 mars approchait. J'étais à la fois heureuse et inquiète. Depuis quelque temps, le doute s'était installé en moi. J'avais décidé de cet événement, mais était-ce juste ? Deux semaines avant la cérémonie, j'avais croisé une femme à qui j'avais parlé de cette journée. Sans me connaître et ne sachant pas le détail de l'histoire, elle m'avait interrogée :

— Pourquoi déterrer la hache de guerre ? N'est-ce pas une vengeance contre votre mari ? Pourquoi les séparer maintenant ?

Sur le moment, j'avais été sidérée et je n'avais su quoi répondre. Mais le *week-end* qui a suivi, j'ai pris un soin extrême à clarifier la réponse à ces trois questions :

1. je n'ai jamais été en guerre et je ne le serai jamais ;
2. je n'ai aucune vengeance à assouvir ;
3. je veux parler de l'amour pour Lucie, Sylvain, Thibault et Angélique.

C'est d'amour que je me suis nourrie, non de violence, de haine ou de rancœur.

L'urne que j'avais achetée était rouge et noire : j'aime l'association de ces deux couleurs. J'avais dans l'idée d'écrire sur l'urne les mots-clés qui animaient ma vie, tels que : « amour », « espérance », « vie », « éternité », « paix » et le prénom de chacun de mes enfants disparus, Lucie et Sylvain. J'étais ravie du résultat. L'urne décorée portait mes valeurs devenues mes forces, face à la difficulté, à la souffrance et au désespoir.

Le jour J, je me suis levée tôt. J'étais en paix. Il pleuvait.

Après mon petit-déjeuner, je me suis affairée au ménage : il fallait que je m'occupe car, en m'activant, je savais que le temps passerait plus vite. J'avais hâte d'être l'après-midi.

Dès neuf heures, Sylvie et Frédéric, mon beau-frère, sont venus boire un café. Comme je ne souhaitais pas assister à l'exhumation, ils m'avaient proposé de me remplacer.

— Alors comment ça s'est passé ? leur ai-je demandé.

— Très bien. On a retrouvé les peluches de Sylvain et la poupée de Lucie.

— C'est vrai ?

J'étais très émue. La pensée que l'on ait déterré ces petits personnages, si chers, qui étaient enfouis avec eux, me troublait. Un instant, j'ai regretté de n'y être pas allée ; mais je devinais combien cela aurait était douloureux, et je voulais me protéger.

Après quoi, je suis allée chez un fleuriste. Je voulais acheter des fleurs pour la cérémonie et j'ai choisi un bouquet de soixante-dix roses, de couleurs différentes, afin d'orner le petit cercueil. De retour vers midi, j'ai déjeuné très rapidement. Enfin, je suis allée me vêtir de la robe rouge que j'avais choisi de porter, et je me suis rendue au crématorium de Pierres, près de Maintenon.

L'heure tournait. Il était temps pour moi d'aller décorer la salle funéraire. Les amis arrivaient, les membres de la famille également. Je me sentais dépassée, et le stress commençait à me submerger. Tout à coup, j'ai compris : je devais entrer dans la pièce où se déroulerait la cérémonie. J'ai poussé la porte chargée du gros bouquet et de la photo de Lucie et Sylvain. Pierre, le maître de cérémonie, m'a accueillie. C'était un ami, et j'étais ravie qu'il soit présent pour orchestrer cet événement si important pour moi.

Je lui ai présenté le déroulement des interventions de chacun. La salle était éclairée d'une lumière douce. Le cercueil se trouvait à droite. J'ai disposé les fleurs sur une table et la photo de mes enfants en hauteur, pour que chacun puisse découvrir leurs visages souriants. L'urne rouge et noire était placée un peu plus loin, devant le pupitre.

Dominique a installé son matériel. Il avait besoin de se préparer psychologiquement à ce moment particulier. Quant à moi, je devais apprivoiser l'espace, m'imprégner de l'odeur de cette salle et me recueillir. J'ai compris qu'il fallait me centrer sur moi, sur l'intention et l'objectif de la journée. Dans un premier temps, j'ai regardé le cercueil de loin. Puis je me suis approchée et j'ai posé mes mains sur le bois. Longtemps je suis restée ainsi, en communion avec Lucie et Sylvain. Je regardais la photo : ils me souriaient. J'ai décidé que ma décision était la bonne.

Tout à coup, je me suis mise à trembler : mes jambes ne me portaient plus et ma tête tournait. Je n'avais pas le souvenir d'avoir ressenti un jour un tel malaise. Ces quelques minutes m'ont semblé être une éternité. Il se passait quelque chose entre le cercueil et mes mains qui caressaient le bois. Était-ce une nouvelle énergie ou l'amour que nous nous portions ?

J'ai commencé à paniquer. Je voulais être à la hauteur de l'événement. Quelques instants plus tard, je me suis ressaisie. J'ai entendu Dominique jouer ses premiers accords. Il mettait tout son cœur dans la musique qu'il interprétait. La paix est revenue dans mon âme. La cérémonie pouvait commencer.

34. Le cœur fragmenté

Pour rendre supportable l'atmosphère, si lourde, Dominique jouait pendant que les invités entraient dans la pièce. Contrairement à ce qu'il avait annoncé, mon fils Thibault est venu, et j'étais transportée de le voir se tenir debout, au fond de la pièce, tentant de masquer son émotion sous un regard fixe. Le morceau magnifique que Dominique avait composé pour l'évènement adoucissait l'atmosphère.

À cet instant, j'ai compris le caractère exceptionnel de la journée que nous nous apprêtions à vivre. Chaque air interprété par mon cousin touchait notre âme. C'était saisissant.

Puis est venu le temps des témoignages. Pour commencer, j'ai évoqué mes chers disparus, les comptines que nous chantions dans la voiture, nos petites habitudes, notre amour. Tri Yann. Graeme Allwright. Nos complicités. L'indicible. Ce que rien ni personne ne saurait faire disparaître.

Je me suis aussi adressée à Thibault et Angélique, en les remerciant de m'avoir rendue à ma vocation de mère, et en leur jurant qu'ils n'avaient pris en aucune façon la place de leurs cadets.

Ensuite, ma sœur Sylvie s'est adressée à moi. Elle a expliqué qu'elle m'avait vraiment découverte après le drame. Elle s'est étonnée de ma capacité de résilience, et a avoué avoir été émue en découvrant, à la lecture d'un premier jet de mon livre, que, derrière la battante toujours volontaire se tenait une femme sensible qui ne reniait ni ses failles, ni ses fragilités. D'ailleurs, je n'ai pas cherché à retenir mes larmes quand elle a conclu son propos en disant simplement :

— Je t'aime très fort, ma sœur.

Alors, Thierry a pris la parole en lançant :

— Lucie, Sylvain, nous sommes tous là aujourd'hui, votre famille et ceux qui vous ont assez approchés pour apprécier la richesse de vos personnalités, vos bontés et vos innocences d'enfants. Par le passé, nous avons essayé de vous dire au revoir. Hélas, notre peine insurmontable et notre indescriptible douleur ont empêché votre maman et nous tous ici présents de vous laisser partir sereinement. Après de longues années de guérison, nous sommes prêts. Lucie et Sylvain, vous êtes présents et inscrits pour toujours dans l'histoire de notre famille et dans nos cœurs. Nous ne vous oublierons jamais. Votre maman est prête à vous laisser rejoindre mamie Olga et nos anciens, et nous sommes là pour l'entourer et la soutenir dans sa reconstruction.

Puis il s'est tourné vers moi.

— Patou, ma Patou, m'a-t-il glissé, c'est à toi particulièrement que je veux m'adresser en ce jour si important pour toi. Tu es plus que ma sœur. Tu es ma meilleure amie et ma confidente. Tu me connais mieux que bien. Tu sais que, dans la famille, nous sommes des costauds, des *rugbymen*, des gars du bâtiment. Comme chacun, nous traversons des épreuves mais nous, par pudeur et tradition, nous montrons peu nos émotions. Moi-même, je ne suis pas toujours à l'aise avec les sentiments et les mots. Cependant, aujourd'hui, j'ai envie de prendre sur moi et de te dévoiler le fond de ma pensée.

Il a pris une inspiration avant de continuer en se tournant vers l'urne :

— Les enfants ne devraient jamais mourir. En tant que papa, je ne peux qu'imaginer l'épreuve et la souffrance intolérables que représente le deuil que tu as traversé. Il n'y a pas de mot pour qualifier l'inacceptable. Cet événement, contraire à l'ordre des choses, a bouleversé, pour toujours, le rapport que nous entretenons avec nous-mêmes, avec nos familles et, finalement, avec le monde dans lequel nous vivons. Avec une violence inégalable, il nous rappelle que la vie est fragile, limitée ; et, parallèlement, il révèle aussi que certains d'entre nous sont nés avec une force, du courage et des capacités extraordinaires. Patricia, sois-en sûre, tu fais partie de ces héros du quotidien. Lors du mariage de Simon, le 15 janvier, tu as dit devant tous : « J'ai décidé d'être heureuse. » Cette toute petite phrase, tellement simple pour la grande majorité des personnes, résonne extrêmement fort en nous. Ces quelques mots sont d'une puissance qui me donne envie de te crier à quel point je suis fier de toi. Tous, nous sommes très fiers de toi.

Mon frère a alors levé les yeux pour balayer l'assistance du regard.

— Alors, regarde, regarde un peu autour de toi, Patou, toi qui aimais tant Patrick Bruel ! m'a-t-il ordonné. Regarde Angélique et Thibault. Regarde ce que tu as accompli. Regarde ce que tu as reconstruit. Tu nous rassembles aujourd'hui pour célébrer la vie qui continue et qui vaut d'être vécue en toute circonstance. Tu nous démontres que la cicatrisation est possible. Aujourd'hui marque une étape importante pour Lucie et Sylvain, pour ta vie et pour la vie de notre famille. Tu as entrepris des démarches personnelles pour te recomposer et avancer. Tu as choisi de coucher sur le papier tes émotions et ton ressenti sur les épreuves que la vie t'a fait subir. Nous découvrons ce talent d'écriture qui semble t'épanouir et accentuer ton sourire un peu plus chaque jour. Tu vas très prochainement mettre le point final de ton livre, et je te souhaite des milliers de nouvelles pages de bonheur. Sylvie, Éric, Papa par la pensée, l'ensemble de ta famille et de tes amis se joignent à moi cet après-midi pour t'offrir un petit peu de nos épaules et t'aider à continuer à porter le monde. Pour une raison simple, celle que Sylvie a pointée : nous t'aimons très fort.

Le cœur serré, j'ai embrassé mon frère, et je me suis rassise pour écouter les mots d'Angélique.

— Maman, tu as décidé de commencer à écrire, ce terrible jour où il y a eu ces attentats... Tu as pensé aux parents qui perdaient leurs enfants et, là, tu t'es dit que tu avais mis tes deux aînés de côté pendant de nombreuses années. Tu t'es sentie coupable parce que tu nous as eus et que tu nous as élevés en occultant ton histoire avec Lucie et Sylvain. Tu nous as tout donné, tout, même sûrement trop... Tu nous as éduqués à ta façon. Même si j'ai pu parfois t'adresser des reproches, je ne te tiens rigueur de rien, car vivre ce que tu as vécu est inimaginable. Tu as surmonté cette épreuve grâce à l'amour et à l'espoir, et tu nous as donné l'amour dont nous avions besoin. Peu de personnes, peu de mamans y seraient parvenues. Tu as une force sans limite. Pour cela, je t'admire énormément. Alors, même si je ne te le démontre pas autant que je le voudrais ou que je le devrais, ne remets jamais mon amour pour toi en doute, jamais.

Angélique s'est tournée vers l'urne et a soufflé :

— Lucie, Sylvain ma sœur, mon frère... Je ne vous ai pas connus, mais c'est tout comme. Vous habitez avec nous. Nous avons la même maman combattante. C'est vrai que nous parlions peu souvent de son passé, car personne ne savait comment en parler. Pourtant, je lui posais beaucoup de questions : « Comment étais-tu avec eux ? Comment étaient-ils ? » Je voyais que parler de vous la rendait heureuse Vous pouvez être fiers de votre maman, de notre maman, car elle n'a jamais baissé les bras. Abandonner ne fait pas partie de son vocabulaire ! Lucie et Sylvain, vous êtes les deux aînés de notre famille. Aujourd'hui, je vous remercie car je découvre une autre maman : Patricia, mère de Lucie, Sylvain, Thibault et Angélique, et non de Thibault et Angélique !

Un petit sourire aux lèvres, Angélique a poursuivi son témoignage en me fixant droit dans les yeux.

— Maman, m'a-t-elle glissé, ce que tu fais aujourd'hui, j'ai mis des mois à en comprendre le sens et l'intérêt. J'en ai compris l'importance quand j'ai vu tes yeux s'illuminer, en parlant de ce jour tant attendu, ce jour où nous pourrions une dernière fois dire au revoir à nos aînés. Aujourd'hui, j'ai la boule au ventre. C'est comme si, depuis un an, nous vivions avec eux, et ils nous ont accompagnés jusqu'à cette journée.

En regardant l'urne rouge et noire, elle a conclu :

— Je vous le promets, Lucie et Sylvain, vous pouvez aller en paix. Thibault et moi prendrons soin de maman.

J'étais au-delà de l'émotion.

Dans mon cœur fragmenté brillait une certitude : ensemble, par notre présence, par la musique, par nos gestes, par nos paroles, nous avons libéré ma petite Lucie et mon petit Sylvain.

35. L'AMOUR EST LE GUIDE

Le 22 mars 2017 a été une journée lumineuse. Lucie et Sylvain ont été réinscrits dans l'arbre généalogique de la famille. Quel bonheur immense quand Angélique a appelé Lucie sa « sœur », et Sylvain, son « frère » ! C'était la première fois qu'elle les nommait ainsi.

Ma vie s'est alors métamorphosée. La cérémonie, à la hauteur de mes espérances, m'a insufflé une énergie miraculeuse. Au souvenir de cet évènement les larmes me perlent encore aux paupières. Je volais, transportée, je me sentais remplie de joie. Paradoxalement, j'éprouvais encore une timide gêne d'exprimer et de partager avec d'autres ce sentiment de bonheur qui me submergeait. Je me sentais vivante. Personne ne pouvait imaginer la transformation qui s'était opérée en moi. Aujourd'hui, je sais qu'il faut avoir frôlé les ténèbres pour renaître à la vie.

Et puis j'ai rêvé.

Beaucoup.

J'ai rêvé que Lucie m'appelait au téléphone et que je lui répondais.

— Lucie! Je suis si heureuse de t'entendre! On va se voir bientôt?

— Non, mais ne t'inquiète pas, tout va bien.

Je me suis réveillée, heureuse, une joie immense dans le cœur. Ma fille Lucie me rassurait.

Derrière les mots, j'ai compris le côté extraordinaire de ce rêve. La paix s'installait en moi.

Une autre nuit, j'ai rêvé que ma mère se trouvait près de moi. Elle s'est approchée et m'a embrassée. Sentiment de plénitude totale...

Quelques nuits plus tard, je me suis retrouvée dans une grande salle très lumineuse. J'étais affairée dans une partie de la pièce. À l'opposé se trouvait Jacky. Je ne lui parlais pas, je ne le regardais pas, et réciproquement. Aucune violence, aucune haine, aucune colère. Le pardon était total. C'était la première fois que je rêvais de lui!

*

Les rêves étaient beaux; mais la réalité?

Je n'avais jamais souhaité approfondir les circonstances du drame, sans doute pour me protéger d'une nouvelle douloureuse qui m'anéantirait, une fois encore. Toutefois, après quelques journées de réflexion, la peur au ventre, armée de courage, j'ai pris la route de Rouen pour connaître la vérité telle que la dépeignait le rapport de police. La documentaliste à qui je l'ai réclamé m'a répondu:

— Je ne pense pas que le document que vous sollicitez sera disponible dans l'immédiat, le dossier est ancien. Si vous le souhaitez je fais une demande et vous serez prévenue quand il sera visible.

J'avais besoin de savoir. Donc, j'ai questionné mes deux frères :

— J'ai besoin de savoir qui de Lucie et Sylvain est mort avant l'autre.

— Lucie est morte la première, Jacky ne voulait pas la rater, m'a révélé Thierry.

J'ai entendu ces quelques mots qui sont restés à l'extérieur de moi. Je devais travailler la journée, je réfléchirais plus tard.

Durant le *week-end* qui a suivi, je suis restée seule, prostrée, sans désir. Plus rien n'avait d'importance, j'étais perdue. Je me répétais que Sylvain avait compris ce qui se passait et ce qu'il allait subir. Une atroce douleur me tiraillait. La vérité me paraissait insurmontable. *Donc* je me suis réveillée dotée d'une force d'une telle intensité... À voix haute, je me suis morigénée :

— Tu ne vas pas t'arrêter là. Tu as voulu savoir. Maintenant, tu sais. Ils sont morts. Regarde tout ce chemin parcouru. Regarde Thibault. Regarde, Angélique. Et ce livre que tu écris, il faut le terminer !

J'ai prononcé ces mots pour les entendre et mieux les intégrer. Animée d'une énergie inexplicable, je me suis redressée. Mon sang circulait à nouveau dans mes veines, ma respiration était plus ample.

Aujourd'hui je connais les évènements qui ont précédé le drame : «Une voisine de Jacky l'a vu sortir les sacs poubelle. Plus tard, la boulangère a entendu les enfants, quand elle est venue déposer la baguette, comme elle le faisait chaque matin. Lucie et Sylvain ont étés tués au matin du 5 septembre 1990 d'une balle en pleine tête. Lucie est morte la première dans sa chambre. Son frère a été tué sur le palier, à l'étage. Puis Jacky a retourné l'arme contre lui et s'est suicidé. »

J'encaissais ces nouvelles précises. Je les digérais. Les semaines passaient. Peu à peu, j'ai eu envie de vivre ailleurs. Très vite, j'ai trouvé l'endroit idéal, dans une petite commune près de Chartres, à la campagne.

*

Début juillet 2017, j'ai emménagé dans un ancien corps de ferme restauré. Cette habitation me collait à la peau : spacieuse, aérée, agréable. Sans aucun doute Angélique et moi nous y plairions.

La vie s'écoulait tranquillement. Je la trouvais belle et merveilleuse. Je sortais avec des amis, j'allais au théâtre, au cinéma, à la piscine. Je prenais mes marques dans mon nouveau logement. Fin août, Angélique m'a questionnée timidement :

— Maman, tu serais d'accord si mon copain venait vivre ici ?

J'ai réfléchi. J'ai cédé. Dylan est venu. Il est resté 8 mois. En mai 2018, Angélique et son petit ami se sont installés ensemble, à deux kilomètres de chez moi. Enfin, je me retrouvais seule : la petite dernière quittait le nid, la destinée de tout parent... J'acceptais cette idée.

Mon livre était toujours en *stand-by*. Ces derniers mois, je ne le regardais plus, je ne le relisais plus. L'écriture a été un réel accomplissement, un exutoire total, elle a donné un sens à ma vie. Ces derniers mois avaient été énergivores, et j'avais peur de ne pas être capable d'aller plus loin dans ma démarche. Le but était atteint pour moi, les enfants et ma famille. Je m'interrogeais : pourquoi l'éditer, non seulement pour mes proches mais aussi pour le monde ? Pourquoi livrer mon histoire de vie, intime, pleine de profondeur, sincère, écrite avec tout mon cœur ?

Des journées de réflexion plus tard, la réponse s'est imposée : mon autobiographie serait éditée. J'ai repris contact avec Thierry, mon *coach*, et, après quelques heures de relecture, de modifications, de dernières mises au point, le résultat nous a semblé optimal.

*

En septembre 2018, il faisait beau, c'était la brocante à Morancez. En compagnie de mon père, je déambulais dans les allées de cette braderie où de nombreuses personnes connaissaient Papa… quand une amie s'est approchée de moi et m'a présenté Cathy. Je me suis retrouvée face à une jeune femme d'une quarantaine d'années, intimidée. Depuis quelques semaines, Cathy me contactait souvent *via* les réseaux sociaux. Sa fille était décédée un an plus tôt. Nous avons évoqué nos enfants. Cathy m'expliquait que jamais elle ne pourrait faire le deuil de sa fille. Je pensais que cette rencontre entre deux mères meurtries dans leur chair, au milieu d'une brocante, avait quelque chose d'incongru et de fort. Après quelques échanges nous nous sommes séparées, et j'ai proposé à mon père d'aller boire un verre. Nous nous sommes installés près d'un jeune couple, et mon père a noué la conversation avec eux, jusqu'à se mettre à entonner «Vole, colombe», sa chanson préférée qu'interprétait Tino Rossi.

> *Si j'étais la colombe aux blanches ailes,*
> *je volerais tout droit vers mon amour,*

je volerais droit vers celle qui, de la Sainte-Chapelle,
prie de me voir un jour à nouveau près d'elle.
Vole, colombe, vers ma belle,
dis-lui qu'un jour, je reviendrai,
dis-lui l'amour que j'ai pour elle
et que jamais je ne l'oublierai !

Je regardais mon père, les larmes aux yeux. À cet instant, je savais qu'il pensait à maman.

Notre voisine de table l'a félicité puis nous a confié :

— J'aimerais qu'il fasse aussi beau samedi prochain. Nous nous marions le 15 septembre. Au fait, je vous présente Jean-Marc, mon compagnon. Moi, c'est Lucie.

— Oh, j'adore ce prénom ! Ma grand-mère s'appelait Lucie ; mon deuxième prénom est Lucie ; ma fille aînée s'appelait Lucie ; et le second prénom d'Angélique est également Lucie ! Je suis en train d'écrire mon autobiographie, qui raconte comment j'ai survécu à la mort de mes deux premiers enfants.

Ma voisine me regardait intensément et a lâché :

— Je ne crois pas que ce soit par hasard que vous vous soyez assis à cette table. Nous, nous avons décidé de nous marier le 15 septembre, car c'est la date anniversaire de notre fille qui est décédée. C'est le moyen que nous avons trouvé pour lui adresser un clin d'œil.

— Excellente idée ! Votre fille sera présente lors de ce merveilleux moment, je le sais.

Une émotion véritable régnait autour de cette table. Au moment de nous séparer, nous nous sommes étreintes. Je n'en revenais pas ! Au milieu de cette brocante, rien ne laissait présager une telle rencontre. En deux heures seulement, j'ai croisé le chemin de deux femmes en deuil de leur enfant. Providence? coïncidence? hasard? Qu'importe! Désormais, je prenais conscience de la force qui m'animait.

*

Invitée chez des amis et dans l'effervescence de ma vie, riche des transformations qui s'opéraient en moi depuis l'écriture de mon manuscrit, j'ai eu envie de raconter ce que je vivais depuis quelques mois.

Prendre la parole n'était pas mon métier. J'avais souvent commencé une phrase sans la terminer. Je ne savais pas défendre des idées, même celles que je pensais être honorables et fondées. Cette fois, j'évoquais le drame, je décrivais mes enfants, je relatais certains évènements de ma vie, de mon combat, l'amour de la vie, la confiance, l'espoir du meilleur à venir et le pardon. J'étais à l'aise avec les mots que je prononçais.

Les questions fusaient: comment pardonner un tel acte? Où as-tu puisé la force de continuer? Pourquoi as-tu écrit cet ouvrage? Et pourquoi l'éditer? L'auditoire m'écoutait avec une attention émue.

En décembre 2018, j'ai fait la connaissance de Marie-Christine, sophrologue. Après quelques séances individuelles, j'ai intégré un groupe. C'était le début d'une nouvelle aventure.

La sophrologie dynamique s'est imposée à moi avec force, dès la première séance. La pratique régulière permet d'apprendre à vivre en harmonie avec soi-même en prenant conscience de soi dans sa globalité. Très vite, l'idée de me former à cette discipline a germé. C'est ainsi que, en septembre 2019, j'ai commencé une formation dans une école spécialisée.

*

L'écriture de ce livre est mon dernier accouchement, celui de ma profonde douleur. C'est une délivrance, un moment de déchirement, de séparation, de souffrance, et le prélude à un grand bonheur. Je vis ce moment. Enfin, je suis libre. Cette douleur s'est évanouie. Lucie et Sylvain ont rejoint le Paradis. Leur place dans mon cœur est juste.

J'ai retrouvé de l'estime et de l'amour pour moi. Je suis fière car, une fois de plus, je suis allée au bout de mon projet. Je sais que je dois mettre un point final à mon récit, mais j'ai la certitude que chaque jour que je vivrai sera une source d'enrichissement personnel. Je resterai à mon écoute pour ne plus me perdre. Ce livre a été un électrochoc indispensable et, aujourd'hui, je remercie Dieu de m'avoir portée toutes ces années.

J'ai ôté toutes mes chaînes, levé tous les tabous et délié les langues. J'ai ressuscité le passé pour faire face à la réalité et goûter enfin au présent.

Et le présent, ce sont Thibault et Angélique. Mes deux amours, vous portez cette histoire en vous, même si vous n'en avez pas totalement conscience.

N'oubliez pas que l'amour guide notre chemin.

Je vous aime.

ÉPILOGUE :
MES PISTES POUR VAINCRE LE DÉSESPOIR

L'amour

L'amour inconditionnel et éternel que je porte à Lucie et Sylvain m'a donné la force de continuer. Je voulais vivre car, tant que je serai en vie, à travers moi, mes enfants chéris vivront. Comment imaginer que l'amour n'est plus parce que le corps physique n'existe plus ? L'amour, l'attention et la protection de ma famille m'ont également aidée à survivre. Je me suis nourrie d'amour : un rempart à la souffrance extrême.

Choisir la vie

Dès que j'ai su que Lucie et Sylvain étaient morts, sans réfléchir, spontanément, j'ai décidé de continuer à vivre. Comment, je ne savais pas. Mais je vivrais ! Me suicider ou me laisser mourir aurait été une épreuve supplémentaire pour mes proches.

Le respect de la vie

Même si j'ai traversé des épreuves inhumaines, j'aime et je respecte la vie que j'ai reçue de ma mère et de mon père. L'amour de la vie, de la nature et de ses merveilles, de l'être humain avec ses qualités et ses défauts, m'a toujours donné l'envie d'aller plus loin.

Le courage et la persévérance

J'ai trouvé des ressources extraordinaires pour affronter la mort de Lucie et Sylvain. Quand je faisais un choix, je l'assumais et j'allais au bout de mon engagement, avec détermination et ténacité. Une fois l'objectif atteint, j'éprouvais de la satisfaction, de la fierté. Quand je baissais les bras - car oui, cela m'est arrivé d'être découragée, meurtrie, blessée, dépassée, je me disais : « Regarde tout ce chemin parcouru ! Tu ne vas pas t'arrêter maintenant ! Vois tout ce que tu as accompli ! » Alors, je relevais la tête et j'avançais en regardant devant moi.

La foi

Après le drame, la colère a commencé à m'envahir. Je m'interrogeais : « Pourquoi Dieu permet-il que de petits anges meurent ? » C'était si injuste et incompréhensible. La religion catholique ne dit-elle pas qu'il faut expier ses péchés ? Qu'ai-je fait pour vivre un tel enfer ?

Pourtant, j'ai eu raison de quitter Jacky. En tuant Lucie et Sylvain, il cherchait à me punir de l'avoir quitté, sans doute. Tuer les enfants a été son moyen pour me blesser et me meurtrir profondément.

De manière inattendue, très vite je me suis sentie animée d'une force, d'une foi et d'une énergie dont je n'ai jamais manqué. D'où me venait-elle ? Thibault est né, puis Angélique. La naissance de chacun d'entre eux m'a réconciliée avec le rôle de mère dont j'avais été spoliée. Mon regard sur la religion s'est alors transformé. Je suis convaincue que Lucie et Sylvain m'ont portée, m'ont guidée. Ou peut-être était-ce que l'amour que nous avions partagé si fort rayonnait au point de me montrer ma route ?

L'espoir

« L'espoir fait vivre », dit-on. Pendant toutes ces années, j'ai toujours été habitée par l'espoir que le jour à venir serait meilleur que le précédent. L'espoir d'atteindre mon objectif m'a aidée à avancer vers le but ultime : vivre enfin en paix avec moi-même.

La confiance

Après le drame, j'ai aussitôt redonné ma confiance aux autres : j'ai aimé Éric. Faire confiance, c'est se donner une chance de retrouver un peu de bonheur. Et puis, je croyais en ma réussite. J'ignorais d'où me venait cette certitude, mais je savais que je réussirais à dépasser ce chaos, source de vie. Comme après une guerre ou un cataclysme, après un drame, la vie finit toujours par renaître.

Se moquer du qu'en-dira-t-on

Du mieux que j'ai pu, j'ai laissé de côté ce que pensaient et disaient les autres. Bien sûr, parfois, je me suis sentie déboussolée par certains propos désobligeants ou insultants. Aujourd'hui, aux médisants et aux méchants qui s'étonnent en ricanant que je ne me sois pas suicidée, je répondrai simplement qu'il est inimaginable de se mettre à la place de l'autre. Impossible de comprendre et de vivre à ma place ce qui me semblait à moi-même être impensable et insupportable avant le drame : vivre sans Lucie et Sylvain.

Provoquer la chance

Curieusement, je pense avoir eu beaucoup de chance. Après une telle épreuve, j'aurais pu sombrer dans la dépression et les travers des traitements médicamenteux, dans l'alcool ou dans la drogue. C'est l'inverse qui s'est produit. J'ai survécu. Seule. Et je suis restée moi-même.

L'écriture

Par des mots, je devais exprimer la souffrance qui m'empêchait de vivre sereinement. Il devenait essentiel que cette souffrance devienne palpable, visible, lisible, pour que je la comprenne et que je la combatte. Elle devait aussi être connue et reconnue de mon entourage... et au-delà. Il m'a fallu beaucoup de courage pour délivrer des moments de ma vie, intimes, privilégiés et précieux. L'écriture m'a permis de me réapproprier des souvenirs endormis. Grâce à ce texte, je comprends mieux l'admiration que j'ai croisée dans le regard de tant de mes interlocuteurs.

Le pardon

Est-il possible de pardonner l'impardonnable ? En théorie, oui, comme l'a montré Olivier Clerc dans *Peut-on tout pardonner ?* (Eyrolles, 2015)... et en pratique, oui : je l'ai vécu. Le pardon n'est pas un cadeau à l'autre ; c'est un cadeau que l'on se fait à soi-même. En ce qui me concerne, pardonner, c'est le moyen que j'ai trouvé pour couper le lien avec Jacky. Pour continuer à avancer et survivre, j'ai soulagé mon cœur de sentiments comme la vengeance et la colère, pour laisser la place à l'amour. La vie doit rester Amour.

Le sport

Depuis toujours, le sport est partie intégrante de ma vie. L'activité sportive m'a permis d'évacuer la pression qui, très souvent, me mettait hors de moi.

Les rencontres bienveillantes

Je ne pouvais plus continuer à vivre dans ce corps qui ne respirait plus, dans lequel j'étais à l'étroit. Il a fallu que je rencontre Delphine pour que je croise Laurent mon psychothérapeute. Il a aussi fallu que je croise Romain pour que je connaisse Liliane. Les rencontres ne sont pas le fruit du hasard. J'ai entendu les silences bienveillants ; j'ai saisi les mains tendues. Thierry, mon *coach*, m'a confortée dans le choix que j'avais fait. Chacun avec sa personnalité, ses compétences, sa tolérance, son humanité, m'a aidée à trouver le chemin de ma renaissance.

TABLE DES MATIÈRES

Deuxième partie :
Les années Éric